#RANK

英検®レベルつき

改訂版 中学 英単語

2000

完全暗記ノート

Gakken

はじめに

　高校入試の英語対策において, 第一の基礎となるのは単語力です。入試では, 単語のつづりや意味を問われるだけでなく, 単語のまとまりである英文を理解し, 単語を使っていろいろなことを表現する力が求められています。

　その一方で, 「単語を覚えるのが苦手！」という人や「頑張って覚えたつもりなのに, 問題が解けない！」という人もたくさんいるのではないでしょうか。本書は, そんなみなさんたちのために作られた"入試で使いこなせる"本物の単語力が身につく暗記ノートです。

　本書には, 最新の高校入試問題を徹底的に分析し, 入試に出るランク順に並べた『高校入試ランク順　中学英単語2000改訂版』掲載の全単語を収録してあります。単語を覚えるのが苦手という人でも, 簡単なステップで単語を練習することによりつづりや意味を覚えることができ, 豊富な実戦問題に挑戦することにより, 入試に出る使い方を身につけることができます。

　また, 本書掲載の全2000語を読み上げている音声を無料で聞くことができます。単語は目で見るだけでなく, 耳で聞いて覚えることで定着率が飛躍的に上がります。ぜひ, 音声も最大限に活用して単語力を高めてください。

　本書が高校受験の力強いパートナーとなり, 志望校合格の手助けになることを, 心より願っています。

Gakken

CONTENTS

マチゲータ

メモットリ

カンソウオ

この本の特長と基本構成

最新コーパスから単語をランク付け

　この本は「コーパス」と呼ばれる膨大な英文データベースで最新の入試問題を徹底的に分析し，入試によく出る単語をランク付けして5つのレベルに分けて収録しています。

　「最重要レベル」，「基本レベル」，「標準レベル」の3つの章は，めざす高校にかかわらず，すべての人が必ず学習すべき部分です。

　進学校をめざす人は，「高得点レベル」の単語まで必ず学習してください。本書の「高得点レベル」までで，都道府県立などの公立高校の入試に出る単語のほとんどをカバーしています。余裕があれば「超ハイレベル」の単語もチェックしておきましょう。

　難関とされる有名私立・国立校（中学校の教科書で学習する内容を超えた発展的な内容の問題が多く出されるような高校）を受験する場合は，「超ハイレベル」の単語まで学習しましょう。

1回1見開き 「単語練習」ページの構成と使い方

英検®，CEFR 表示つき
英検®に出やすい単語には，各級のマークがついています。
CEFR-J Wordlist* にも準拠しています。

1見開き1ファイル
音声ファイルのファイルナンバーと二次元コードを表示しています。

ワンポイントアドバイス
つづりや使い方に注意すべき単語には，簡潔で役に立つアドバイスを載せています。

覚えやすい！厳選された訳語
重要な訳語を暗記しやすく載せています。

変化形や熟語もチェックできる

単語を1〜3回書いて練習しよう。

1. 無料音声を聞きながら，単語を確認しましょう。
   音声に合わせて，つづりとその意味を目で追うようにしましょう。

2. 赤フィルターで意味を隠し，単語を見て意味を答えられるかチェックしましょう。
   このとき，声に出して単語を発音しながら確認するとよいでしょう。

3. 上に紙を載せるなどして単語の部分を隠し，意味を見ながら1マス目に単語を書きましょう。

4. 1マス目に書けなかった単語は，つづりと意味を確認しながら2マス目，3マス目にも書いて練習しましょう。
   このときも，声に出して単語を発音しながら書くとよいでしょう。

※発音記号は，教科書や辞書によって表記が異なる場合があります。発音が米・英で異なる場合は米音だけを，複数ある場合は主要なものだけを表記しました。また，本書ではカタカナによる発音表記もしていますが，英語の発音をカタカナで正確に表すことは困難です。発音記号に慣れるまでの手がかりとして参考にしてください。なお，太字は強く読む部分を表しています。特にアクセントを注意したい単語にはアクセント位置に▼のマークをつけているので，しっかり覚えましょう。
＊CEFR-J Wordlistとは
　国際的な言語能力評価基準の一つであるCEFR（ヨーロッパ言語共通参照枠）をもとに，日本で開発された語彙のランクです。
　『CEFR-J Wordlist Version 1.6』東京外国語大学 投野由紀夫 研究室
　（URL：https://cefr-j.org/download.html#cefrj_wordlistより2023年5月ダウンロード）
英検®は，公益財団法人 日本英語検定協会の登録商標です。
このコンテンツは，公益財団法人 日本英語検定協会の承認や推奨，その他の検討を受けたものではありません。

「単語・フレーズチェック」のページの構成と使い方

「最重要レベル」〜「標準レベル」では,「単語練習」ページの次の見開きに「単語・フレーズチェック」があります。「単語練習」が終わったあとに取り組みましょう。

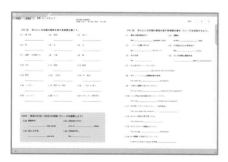

1 STEP①では, 日本語の意味を見て, 正しいつづりで単語が書けるかをチェックします。前回学習した単語を覚えているか確認できるコーナーもあります。

2 STEP②は, 入試での問われ方がわかる実戦問題です。入試で問われやすい熟語や変化形の問題も出題しています。わからなかった問題は, 別冊解答・解説をよく確認してしっかり覚えましょう。

「完成テスト」「まとめてチェック」

各レベルの終わりには入試問題を想定した「完成テスト」があります。実際の入試に出そうな問題も載っています。実力の最終確認をしましょう。

「まとめてチェック」では, まとめて覚えると効率的な単語を集めました。声に出して発音しながら練習し, まとめて一気に覚えてしまいましょう。

この本の記号と表記

熟 は熟語を表すよ。

語形変化

不規則なもの, 注意を要するものに表示してあります。

過…動詞の過去形と過去分詞を, 次の順に表記しています。

　過 過去形 - 過去分詞

比…形容詞・副詞の比較級と最上級を, 次の順に表記しています。

　比 比較級 - 最上級

複…名詞の複数形を表します。

3単現…動詞の3人称単数・現在形を表します。

ing形…動詞のing形を表します。

品詞

名…名詞 （または名詞の 働きをする語句）	**代**…代名詞	**形**…形容詞	**接**…接続詞
	動…動詞	**副**…副詞	**間**…間投詞
	助…助動詞	**前**…前置詞	**冠**…冠詞

無料アプリ・無料音声について
(MP3)

本書に掲載されている2000語を読み上げている音声を、
次の2通りの方法でご利用いただけます。

① アプリで開く

音声アプリ「my-oto-mo(マイオトモ)」に対応しています。
下の二次元コードか, 以下のURLにスマートフォンかタブレットでアクセスいただき,
ダウンロードしてください。

https://gakken-ep.jp/extra/myotomo/

※アプリのご利用は無料ですが, 通信料はお客様のご負担になります。　※パソコンからはご利用になれません。

② パソコンにダウンロードして開く

以下のURLのページ下部のタイトル一覧から,
「高校入試ランク順中学英単語2000 完全暗記ノート」を選択すると, MP3音声ファイルをダウンロードいただけます。

https://gakken-ep.jp/extra/myotomo/

※ダウンロードできるのは, 圧縮されたMP3形式の音声ファイルです。再生するには, ファイルを解凍するソフトと,
iTunesやWindows Media Playerなどの再生ソフトが必要です。
※お客様のネット環境およびスマートフォン, タブレットによりアプリをご利用いただけない場合や, お客様のパソ
コン環境により音声をダウンロード, 再生できない場合, 当社は責任を負いかねます。また, アプリ, 音声のご提
供は予告なく終了することがあります。ご理解, ご了承いただけますようお願い申し上げます。

最重要レベル

この章で学習するのは，入試問題の英文の骨組みになる最も重要な単語です。入試では，いろいろな角度からの知識が要求されるため，つづりや意味だけでなく，使い方や変化形などもマスターしましょう。

1位 ▶ 32位の 単語　単語を練習しよう。

# 1			英検			
the ザ[ðə]	冠	その (日本語に訳さないことが多い)	5 CEFR A1			
# 2 **to** トゥー[tu:]	前	～に, ～へ, ～まで	英検 5 CEFR A1			
# 3 **I** アイ[ai]	代	私は [が]	英検 5 CEFR A1			
# 4 **a** ア[ə]	冠	1つの (日本語に訳さないことが多い)	英検 5 CEFR A1			母音で始まる語の前には, anをつけるよ。
# 5 **in** イン[in]	前	～(の中)に[で]	英検 5 CEFR A2			
# 6 **and** エァンド[ænd]	接	～と…, そして	英検 5 CEFR A1			
# 7 **you** ユー[ju:]	代	あなた, あなたたち	英検 5 CEFR A1			単数と複数が同じ形だね。
# 8 **is** イズ[iz]	動	～である, ある, いる	英検 5 CEFR A1			過 was - been
# 9 **do** ドゥー[du:]	助 動	疑問文・否定文をつくる をする	英検 5 CEFR A1			過 did - done 3単現 does
# 10 **of** アヴ[əv]	前	～の	英検 5 CEFR A1			
# 11 **it** イト[it]	代	それ	英検 5 CEFR A2			「天気」などを表す文で使うときには,「それ」と訳さないよ。
# 12 **have** ヘァヴ[hæv]	動	を持っている	英検 5 CEFR A1			過 had - had 3単現 has
# 13 **that** ゼァト[ðæt]	代 形 接	あれ, それ あの ～ということ	英検 5 CEFR B2			複 those
# 14 **for** フォーァ[fɔ:r]	前	～の間, ～のために	英検 5 CEFR A2			
# 15 **not** ナート[nɑt]	副	～ない	英検 5 CEFR A1			
# 16 **was** ワズ[wɑz]	動	am, is の 過去形	英検 4 CEFR A1			

# 17 **he** ヒー[hi:]	代 彼は [が]	英検 5 / CEFR A1			
# 18 **about** アバウト[əbáut]	前 ～について 副 およそ, 約	英検 5 / CEFR A1			
# 19 **we** ウィー[wi:]	代 私たちは[が]	英検 5 / CEFR A1			
# 20 **are** アーァ[ɑ:r]	動 ～である, ある, いる	英検 5 / CEFR A1			過 were - been
# 21 **will** ウィッ[wil]	助 ～するだろう	英検 4 / CEFR A1			過 would 短縮形 will not = won't
# 22 **can** キャン[kæn]	助 ～できる	英検 5 / CEFR A1			過 could
# 23 **my** マイ[mai]	代 私の	英検 5 / CEFR A1			
# 24 **at** アト[ət]	前 ～で [に]	英検 5 / CEFR A1			atは地点に, inは広がりのある空間に使うよ。
# 25 **people** つづり ピーポゥ[pí:pl]	名 人々	英検 5 / CEFR A1			
# 26 **go** ゴウ[gou]	動 行く	英検 5 / CEFR B1			過 went - gone 3単現 goes
# 27 **they** ゼイ[ðei]	代 彼らは, 彼女らは, それらは	英検 5 / CEFR A1			
# 28 **with** ウィズ[wið]	前 ～といっしょに, ～をもって	英検 5 / CEFR A1			
# 29 **this** ズィス[ðis]	代 これ 形 この	英検 5 / CEFR A1			複 these
# 30 **she** シー[ʃi:]	代 彼女は [が]	英検 5 / CEFR A1			
# 31 **on** アン[ɑn]	前 ～で [に], ～の上で[に]	英検 5 / CEFR A2			上だけでなく, 側面などに接触していることも表すよ。
# 32 **want** ワント[wɑnt]	動 がほしい	英検 5 / CEFR B2			熟 want to ＋動詞の原形（～したい）

最重要レベル　基本レベル　標準レベル　高得点レベル　超ハイレベル

STEP 1　空らんに日本語の意味を表す英単語を書こう。

問1　私は[が]

_____

問2　〜と…, そして

_____

問3　あなた, あなたたち

_____

問4　あれ, あの

_____

問5　am, is の過去形

_____

問6　彼は[が]

_____

問7　1つの

_____

問8　私たちは[が]

_____

問9　〜できる

_____

問10　私の

_____

問11　人々

_____

問12　行く

_____

問13　彼(女)らは, それらは

_____

問14　これ, この

_____

問15　彼女は[が]

_____

問16　〜がほしい

_____

問17　〜を持っている

_____

STEP 2　空らんに日本語の意味を表す英単語を書き, フレーズを完成させよう。

問1　9時から5時**まで**

from nine _____ five

問2　**約**10分

_____ ten minutes

問3　4月**に**

_____ April

問4　私の家族**の**写真

a picture _____ my family

問5　1時**間**

_____ an hour

問6　ケン**と**テニスをする

play tennis _____ Ken

問7　日曜日**に**

_____ Sunday

問8　エマ**と**ハンナ

Emma _____ Hanna

□ **9** **最初の**角を右に曲がってください。

Turn right at _____ **first** corner.

□ **10** 私は10時**に**寝ます。

I go to bed _____ ten.

□ **11** **こちらは**私の友達のエミリー**です**。

_____ _____ my friend Emily.

□ **12** ふだんあなたはいつ宿題**をしますか**。

When _____ you usually _____ your homework?

□ **13** **あれ**は何ですか。—— **それ**は病院です。

What is _____? —— _____ is a hospital.

□ **14** 私は空腹ではあり**ません**。

I'm _____ hungry.

□ **15** 私たちはサッカー部員**です**。

We _____ on the soccer team.

□ **16** あすは晴れる**でしょう**。

It _____ be sunny tomorrow.

□ **17** 私は速く走る**ことができます**。

I _____ run fast.

□ **18** 私はこの前の土曜日, ひま**でした**。

I _____ free last Saturday.

□ **19** 私はこの学校の生徒です。

I am _____ student at this school.

33位 ▶ 64位の 単語　単語を練習しよう。

#	単語	品詞・意味	英検/CEFR			備考
33	**what** ワット[hwɑt]	代 何 形 何の	5 CEFR A1			
34	**say** セイ[sei] 発音	動 と言う	4 CEFR B2			過 said[セッド] - said 3単現 says 発音
35	**when** ウェン[hwen]	副 いつ 接 ～するとき	5 CEFR A1			
36	**but** バト[bʌt]	接 しかし	5 CEFR A1			
37	**so** ソウ[sou]	副 そんなに, 　そのように 接 だから	5 CEFR A2			
38	**from** フラム[frɑm]	前 ～から	5 CEFR A1			
39	**think** スィンク[θiŋk]	動 と思う, 　考える	5 CEFR A1			つづり 過 thought - thought
40	**there** ゼアァ[ðeər]	副 そこに, 　そこで	5 CEFR A1			熟 There is[are] ～. （～がある[いる]）
41	**school** スクーゥ[sku:l] つづり	名 学校	5 CEFR A1			
42	**make** メイク[meik]	動 を作る, 　AをBにする	5 CEFR B2			過 made - made ing形 making
43	**her** ハ～ァ[hə:r]	代 彼女の, 　彼女を[に]	5 CEFR A1			
44	**like** ライク[laik]	動 が好きだ 前 ～のような	5 CEFR B1			熟 would like ～(～がほしい) would like to～(～したい)
45	**me** ミー[mi:]	代 私を	5 CEFR A1			
46	**his** ヒズ[hiz]	代 彼の, 　彼のもの	5 CEFR A1			
47	**many** メニ[méni]	形 (数えられる名詞が) 　たくさんの, 　多数の	5 CEFR A1			比 more - most
48	**see** スィー[si:]	動 を見る, 　に会う	5 CEFR A1			過 saw - seen

# 49 how ハーウ[hau]	副	どのくらい、どう、どうやって	英検 5 / CEFR A1			
# 50 be ビー[biː]	動 助	be動詞の原形	英検 5 / CEFR A1			過 was / were - been
# 51 your ユアァ[juər]	代	あなたの、あなたたちの	英検 5 / CEFR A1			
# 52 them ゼム[ðem]	代	彼らを、彼女らを、それらを	英検 5 / CEFR A1			
# 53 because ビコーズ[bikɔ́ːz] 発音	接	なぜなら〜だから	英検 4 / CEFR A1			
# 54 one ワン[wʌn] つづり	名 形	1 (の)	英検 5 / CEFR A1			
# 55 some サム[sʌm]	形	いくつかの、いくらかの	英検 5 / CEFR A1			
# 56 good グド[gud]	形	よい、じょうずな	英検 5 / CEFR A1			比 better - best
# 57 am エアム[æm]	動	〜である、ある、いる	英検 5 / CEFR A1			be動詞の現在形は、主語によってam, is, areを使い分けるんだね。
# 58 time タイム[taim]	名	時、時間、回	英検 5 / CEFR A1			
# 59 very ヴェリ[véri]	副	ひじょうに、とても	英検 5 / CEFR B2			
# 60 use ユーズ[juːz]	動 名	を使う 使うこと	英検 5 / CEFR A2			名詞は[ユース]と発音するよ。
# 61 know ノウ[nou]	動	を知っている	英検 5 / CEFR A1			過 knew - known つづり
# 62 our アウアァ[áuər] 発音	代	私たちの	英検 5 / CEFR A1			
# 63 get ゲット[get]	動	を得る、手に入れる	英検 5 / CEFR A1			過 got - gotten / got ing形 getting
# 64 more モーァ[mɔːr]	形 代	もっと多くの もっと多くのこと	英検 4 / CEFR B1			moreはmanyやmuchの比較級だよ。

最重要レベル

基本レベル

標準レベル

高得点レベル

超ハイレベル

33位 ▶ 64位　単語・フレーズチェック

STEP 1　空らんに日本語の意味を表す英単語を書こう。

1 何, 何の

_____

2 いつ, 〜するとき

_____

3 あなたの, あなたたちの

_____

4 〜と言う

_____

5 しかし

_____

6 〜と思う, 考える

_____

7 学校

_____

8 〜を作る, AをBにする

_____

9 彼女の, 彼女を[に]

_____

10 私を

_____

11 彼の, 彼のもの

_____

12 〜が好きだ, 〜のような

_____

13 よい, じょうずな

_____

14 彼(女)らを, それらを

_____

15 〜を得る, 手に入れる

_____

16 時, 時間, 回

_____

17 〜を使う

_____

18 〜を知っている

_____

19 私たちの

_____

20 そこに, そこで

_____

21 どのくらい, どうやって

_____

CHECK　前回(1位〜32位)の単語・フレーズを確認しよう!

22 私は自転車がほしい。

I _____ a bike.

23 きょうは晴れています。

_____ is sunny today.

24 長い髪をした女性

a woman _____ long hair

25 約10日前

_____ ten days ago

最重要レベル

基本レベル

標準レベル

高得点レベル

超ハイレベル

STEP 2 空らんに日本語の意味を表す英単語を書き, フレーズを完成させよう。

1 月曜日**から**金曜日まで

_____ Monday to Friday

2 **たくさんの**動物

_____ animals

3 最高の歌手の **1 人**

_____ of the best singers

4 英語が**とても**好きだ

like English _____ **much**

5 私は**そう**思いません。

I don't think _____.

6 私の家の近くには図書館**があります**。

_____ _____ a library near my house.

7 私たちの学校から駅**が見えます**。

We can _____ the station from our school.

8 私はパティシエ**になり**たい。

I want to _____ a pastry chef.

9 雨が降っている**ので**, 彼らは外で遊べません。

They cannot play outdoors _____ it is raining.

10 私は**いくらかの**パンがほしい。

I want _____ bread.

11 私は中学生**です**。

I _____ a junior high school student.

12 私は毎朝 7 時に**起きます**。

I _____ _____ at seven every morning.

13 彼は日本文化について**もっと**知りたがっています。

He wants to learn _____ about the Japanese culture.

65位 ▶ 96位の単語　単語　単語を練習しよう。

65	**day** デイ[dei]	名 日	英検 5 CEFR A1			
66	**their** 〈つづり〉 ゼアァ[ðeər] 〈発音〉	代 彼らの, 彼女らの, それらの	英検 5 CEFR A1			
67	**look** ルック[luk]	動 見る, ～に見える	英検 5 CEFR A1			
68	**other** アザァ[ʌ́ðər] 〈発音〉	形 ほかの	英検 4 CEFR A1			
69	**were** 〈つづり〉 ワ～ァ[wəːr]	動 are の過去形	英検 4 CEFR A1			
70	**by** バイ[bai]	前 ～によって, ～のそばに, ～までに	英検 5 CEFR A1			
71	**take** テイク[teik]	動 を(手に)取る, を連れて [持って]いく	英検 5 CEFR B1			過 took - taken ing形 taking
72	**talk** ト～ク[tɔːk] 〈発音〉	動 話す	英検 5 CEFR B1			
73	**thing** スィング[θiŋ]	名 こと, もの	英検 4 CEFR A1			
74	**come** カム[kʌm]	動 来る	英検 5 CEFR A1			相手のところに「行く」というときは, comeを使うよ。
75	**student** ステューデント[stjúːdnt]	名 生徒	英検 5 CEFR A1			
76	**year** イアァ[jiər]	名 年	英検 5 CEFR A1			
77	**English** イングリシュ[íŋgliʃ]	名 英語 形 英語の	英検 5			
78	**as** アズ[əz]	接 ～と同じ くらい 前 ～として	英検 5 CEFR A2			
79	**Japanese** デェアパニーズ[dʒæpəníːz]	形 日本の 名 日本人, 日本語	英検 5			
80	**learn** ラ～ン[ləːrn] 〈発音〉	動 を習い覚える	英検 4 CEFR A1			

# 81		英検			
tell テッ[tel]	動 を伝える	4 CEFR A1			過 told - told
# 82 **yes** イエス[jes]	副 はい	英検 5 CEFR A1			
# 83 **Japan** ヂャペァン[dʒəpǽn]	名 日本	英検 5			
# 84 **now** ナウ[nau]	副 いま	英検 5 CEFR A1			
# 85 **after** エァフタァ[ǽftər]	前 接 ～のあとに	英検 5 CEFR A2			
# 86 **if** イフ[if]	接 もし～ならば	英検 4 CEFR A1			
# 87 **work** ワ～ク[wəːrk] 発音	動 働く 名 仕事	英検 5 CEFR A1			
# 88 **find** ファインド[faind]	動 を見つける	英検 5 CEFR A1			過 found [ファウンド] - found 発音
# 89 **an** アン[ən]	冠 1つの (日本語に訳さないことが多い)	英検 5 CEFR A1			
# 90 **lot** ラート[lɑt] 発音	名 たくさん	英検 5 CEFR A1			a lot of ～は lots of ～ということもあるよ。
# 91 **also** オーッソウ[ɔ́ːlsou]	副 ～もまた	英検 5 CEFR A1			
# 92 **help** ヘッブ[help]	動 を手伝う, 助ける 名 助け	英検 5 CEFR A2			
# 93 **or** オーァ[ɔːr]	接 ～または…	英検 5 CEFR A1			
# 94 **first** ファ～スト[fəːrst] 発音	形 第1の, 最初の 副 第1に, 最初に	英検 5 CEFR A1			
# 95 **play** プレイ[plei]	動 (スポーツなど)をする, (楽器)を演奏する	英検 5 CEFR A1			
# 96 **all** オーッ[ɔːl]	形 すべての 代 すべて	英検 5 CEFR A2			

解答・解説…別冊解答P.3
正答数…STEP①　問／25問　STEP②　問／13問

STEP 1　空らんに日本語の意味を表す英単語を書こう。

□1　日

_____

□2　こと, もの

_____

□3　生徒

_____

□4　英語, 英語の

_____

□5　日本の, 日本人

_____

□6　年

_____

□7　日本

_____

□8　彼(女)らの, それらの

_____

□9　いま

_____

□10　もし～ならば

_____

□11　～または…

_____

□12　第1の, 最初に

_____

□13　～をする, ～を演奏する

_____

□14　～を手伝う, 助け

_____

□15　～を(手に)取る

_____

□16　are の過去形

_____

□17　来る

_____

□18　～を習い覚える

_____

□19　ほかの

_____

□20　働く, 仕事

_____

□21　～を見つける

_____

CHECK　前回(33位〜64位)の単語・フレーズを確認しよう!

□22　あなたはどう**思います**か。

What do you _____?

□23　私はきのう**そこに行きました**。

I went _____ yesterday.

□24　彼女**のような人**

a person _____ her

□25　あなたはジェーン**を知っていますか**。

Do you _____ Jane?

STEP 2　空らんに日本語の意味を表す英単語を書き, フレーズを完成させよう。

1　湖**のそばの**家

　　a house ＿＿＿＿＿＿＿＿ the lake

2　**放課後**

　　＿＿＿＿＿＿＿＿ ＿＿＿＿＿＿＿＿

3　**たくさんの**人々

　　a ＿＿＿＿＿＿＿＿ **of** people

4　**最初は**

　　＿＿＿＿＿＿＿＿ ＿＿＿＿＿＿＿＿

5　この図表**を見なさい**。

　　＿＿＿＿＿＿＿＿ ＿＿＿＿＿＿＿＿ this chart.

6　いっしょに**話し**合いましょう。

　　Let's ＿＿＿＿＿＿＿＿ together.

7　ボブはすばらしい歌手**として**有名です。

　　Bob is famous ＿＿＿＿＿＿＿＿ a great singer.

8　理由**を教え**てください。

　　Please ＿＿＿＿＿＿＿＿ me the reason.

9　あなたはインド出身ですか。—— **はい**, そうです。

　　Are you from India? —— ＿＿＿＿＿＿＿＿, I am.

10　私は朝食にりんごを食べました。

　　I ate ＿＿＿＿＿＿＿＿ apple for breakfast.

11　私はこの映画が好きです。兄**も**それが好きです。

　　I like this movie.　My brother ＿＿＿＿＿＿＿＿ likes it.

12　メンバー**全員**がボランティアです。

　　＿＿＿＿＿＿＿＿ of the members are volunteers.

13　私の祖父は**写真を撮る**のが好きです。

　　My grandfather likes to ＿＿＿＿＿＿＿＿ ＿＿＿＿＿＿＿＿.

97位 ▶ 128位の 単語　単語を練習しよう。

# 97 **book** ブック[buk]	名 本	英検 5 CEFR A1			
# 98 ◀つづり **should** シュッド[ʃud]	助 ～したほう がよい, ～すべきだ	英検 4 CEFR A1			
# 99 **new** ニュー[nju:]	形 新しい	英検 5 CEFR A1			
# 100 **no** ノウ[nou]	副 いいえ 形 1つも～ない	英検 5 CEFR A1			
# 101 **enjoy** インヂョイ[indʒɔi]	動 を楽しむ	英検 5 CEFR A1			
# 102 **him** ヒム[him]	代 彼を, 彼に	英検 5 CEFR A1			
# 103 **too** トゥー[tu:]	副 ～もまた, ～すぎる	英検 5 CEFR A1			
# 104 **then** ゼン[ðen]	副 そのとき, それから	英検 5 CEFR A1			
# 105 **food** フード[fu:d]	名 食べ物	英検 5 CEFR A1			
# 106 ◀つづり **could** クド[kud] 発音	助 can(～できる) の過去形	英検 4 CEFR A1			表現 Could you ～? (～していただけますか)
# 107 **who** フー[hu:]	代 だれ	英検 5 CEFR A1			
# 108 ◀つづり **friend** フレンド[frend]	名 友達	英検 5 CEFR A1			
# 109 **thank** セアンク[θæŋk]	動 に感謝する	英検 5 CEFR A1			Thank you. には, You're welcome. (どういたしまして。) などと応じるよ。
# 110 **eat** イート[i:t]	動 を食べる	英検 5 CEFR A1			変化 ate - eaten
# 111 **give** ギヴ[giv]	動 を与える	英検 5 CEFR A1			変化 gave - given
# 112 **ask** エアスク[æsk]	動 をたずねる	英検 5 CEFR A1			

# 113 why フワイ[hwai]	副 なぜ	英検 5 CEFR A1			
# 114 Mr. ミスタァ[místər]	名 ～さん, ～先生	英検 5 CEFR A1			
# 115 study スタディ[stʌ́di]	動 を勉強する	英検 5 CEFR A2			3単現 studies 過 studied
# 116 start スタート[stɑːrt]	動 始まる, を始める	英検 5 CEFR A1			
# 117 way ウェイ[wei]	名 道, 方法	英検 5 CEFR A1			
# 118 next ネクスト[nekst]	形 次の	英検 5 CEFR A2			
# 119 well ウェッ[wel]	副 じょうずに, よく 間 ええと	英検 5 CEFR A1			比 better - best
# 120 buy バイ[bai]	動 を買う	英検 5 CEFR A1			過 bought - bought
# 121 visit ヴィズィト[vízit]	動 を訪問する 名 訪問	英検 4 CEFR A1			
# 122 than ザァン[ðæn]	接 前 ～よりも	英検 4 CEFR A1			
# 123 show ショウ[ʃou]	動 を見せる	英検 5 CEFR A2			過 showed - showed / shown
# 124 read リード[riːd]	動 を読む	英検 5 CEFR A1			発音 過 read[レド] - read
# 125 two トゥー[tuː]	名 形 2 (の)	英検 5 CEFR A1			
# 126 which フウィッチ[hwitʃ]	代 どちら, どれ 形 どちらの, どの	英検 5 CEFR A1			
# 127 country つづり カントリ[kʌ́ntri]	名 国	英検 5 CEFR A2			
# 128 need ニード[niːd]	動 を必要とする	英検 5 CEFR A1			

解答・解説…別冊解答P.3
正答数…STEP①　　問／25問　STEP②　　問／13問

STEP 1　空らんに日本語の意味を表す英単語を書こう。

1　本

_____

2　食べ物

_____

3　友達

_____

4　道, 方法

_____

5　国

_____

6　彼を, 彼に

_____

7　〜を楽しむ

_____

8　〜を食べる

_____

9　〜を与える

_____

10　〜を勉強する

_____

11　〜を訪問する, 訪問

_____

12　〜を見せる

_____

13　〜を読む

_____

14　〜を必要とする

_____

15　新しい

_____

16　そのとき, それから

_____

17　だれ

_____

18　なぜ

_____

19　次の

_____

20　2(の)

_____

21　どちら, どれ

_____

CHECK　前回(65位〜96位)の単語・フレーズを確認しよう!

22　初めて

for the _____ time

23　たくさんの生徒たち

a _____ of students

24　人々は幸せに見えます。

People _____ happy.

25　ボランティアとして働く

_____ as a volunteer

STEP 2　　空らんに日本語の意味を表す英単語を書き，フレーズを完成させよう。

□1　私**も**です。

Me, _____.

□2　**じょうずに**ピアノを弾く

play the piano _____

□3　**ところで**

by the _____

□4　**来月**

_____ month

□5　あなたはこの映画を見**たほうがいい**。

You _____ watch this movie.

□6　あなたは教師ですか。── **いいえ**, ちがいます。

Are you a teacher? ── _____, I'm not.

□7　私がもっとじょうずに英語を**話せたら**いいのに。

I wish I _____ **speak** English better.

□8　ご清聴**ありがとうございました**。

_____ **you for** listening.

□9　なんでも**おたずね**ください。

Please _____ me anything.

□10　ブラウン**先生**は新しい英語の先生です。彼はカナダ出身です。

_____ Brown is a new English teacher.　He's from Canada.

□11　日本の学校は 4 月に**始まります**。

Schools in Japan _____ in April.

□12　私は新しいコンピューター**を買う**予定です。

I will _____ a new computer.

□13　私は冬**よりも**夏のほうが好きです。

I like summer better _____ winter.

129位 ▶ 160位 の 単語　　単語を練習しよう。

# 129 try トラーイ[trai]	動 をやってみる	英検 4 CEFR A1			3単現 tries 過 tried
# 130 today トゥデイ[tədéi]	副 名 きょう(は)	英検 5 CEFR A1			
# 131 right ライト[rait] 発音	形 右の, 正しい 副 右に	英検 5 CEFR A1			
# 132 us アス[ʌs]	代 私たちを[に]	英検 5 CEFR A1			
# 133 become ビカム[bikʌ́m]	動 になる	英検 4 CEFR A1			過 became - become
# 134 picture ピクチャ[píktʃər]	名 写真, 絵	英検 5 CEFR A1			
# 135 important インポータント[impɔ́ːrtənt]	形 重要な	英検 3 CEFR A1			比 more ~ - most ~
# 136 last レァスト[læst]	形 この前の, 最後の	英検 5 CEFR B1			
# 137 every エヴリ[évri]	形 どの~もみな, 毎~	英検 5 CEFR A1			
# 138 old オウゥド[ould]	形 古い, 年とった	英検 5 CEFR A1			
# 139 before ビフォーァ[bifɔ́ːr]	前 接 ~の前に 副 以前に	英検 5 CEFR A1			
# 140 home ホウム[houm] 発音	名 家, 家庭 副 家に, 家へ	英検 5 CEFR A2			
# 141 high ハイ[hai] つづり	形 高い	英検 5 CEFR A1			「(身長が)高い」は tallを使うよ。
# 142 really リーアリ[ríːəli] つづり	副 本当に	英検 5 CEFR A1			
# 143 world ワ～ゥド[wəːrld] 発音	名 世界	英検 4 CEFR A1			
# 144 would ウド[wud] 発音	助 will(~だろう) の過去形	英検 4 CEFR A1			would likeは wantのていねい な言い方だね。

# 145 **live** リヴ[liv]	動 住んでいる, 生きる	英検 4 / CEFR A1			
# 146 **class** クレァス[klæs]	名 授業, クラス	英検 5 / CEFR A1			
# 147 **happy** ヘァピ[hǽpi]	形 幸せな, うれしい	英検 5 / CEFR A1			
# 148 **let** レット[let]	動 (Let's ~. で) ~しましょう	英検 3 / CEFR A1			
# 149 **child** チャイゥド[tʃaild]	名 子ども	英検 4 / CEFR A1			複 children[チゥドレン]
# 150 **life** ライフ[laif]	名 生活, 生命	英検 5 / CEFR A1			複 lives[ライヴズ]
# 151 **much** マッチ[mʌtʃ]	形 (数えられない名詞が) たくさんの, 多量の	英検 5 / CEFR A1			比 more - most
# 152 **idea** アイディーア[aidíːə]	名 考え	英検 5 / CEFR A1			
# 153 **feel** フィーゥ[fiːl]	動 感じる	英検 4 / CEFR A2			過 felt - felt
# 154 **something** サムスィング[sʌ́mθiŋ]	代 何か, あるもの	英検 4 / CEFR A1			否定文では anythingを使うよ。
# 155 **long** ローング[lɔːŋ]	形 長い / 副 長く	英検 5 / CEFR A1			
# 156 **write** ライト[rait]	動 を書く	英検 5 / CEFR A1			過 wrote - written [ロウト][リトン]
# 157 **place** プレイス[pleis]	名 場所	英検 4 / CEFR A1			
# 158 **hear** ヒアァ[hiər]	動 を聞く, が聞こえる	英検 5 / CEFR A1			過 heard[ハ〜ド] - heard
# 159 **family** フェァミリ[fǽməli]	名 家族	英検 5 / CEFR A1			
# 160 **mother** マザァ[mʌ́ðər]	名 母	英検 5 / CEFR A1			

129位 ▶ 160位 　単語・フレーズチェック

解答・解説…別冊解答P.4
正答数…STEP① 　問／25問 　STEP② 　問／14問

STEP 1 　空らんに日本語の意味を表す英単語を書こう。

□1 写真, 絵

_____

□2 世界

_____

□3 授業, クラス

_____

□4 子ども

_____

□5 生活, 生命

_____

□6 考え

_____

□7 場所

_____

□8 家族

_____

□9 母

_____

□10 何か, あるもの

_____

□11 私たちを[に]

_____

□12 きょう(は)

_____

□13 右の, 正しい

_____

□14 古い, 年とった

_____

□15 重要な

_____

□16 家, 家庭, 家に

_____

□17 本当に

_____

□18 幸せな, うれしい

_____

□19 長い, 長く

_____

□20 ～を書く

_____

□21 ～をやってみる

_____

CHECK 　前回(97位〜128位)の単語・フレーズを確認しよう!

□22 **外国**

a foreign _____

□23 100ドル**よりも多い**

more _____ 100 dollars

□24 早起き**したほうがいい。**

You _____ get up early.

□25 電話**をください。**

Please _____ me a call.

STEP **2**　空らんに日本語の意味を表す英単語を書き, フレーズを完成させよう。

□ 1　その通り。

　　That's ＿＿＿＿＿＿＿＿＿＿＿.

□ 2　昨晩

　　＿＿＿＿＿＿＿＿＿＿ **night**

□ 3　**毎朝**

　　＿＿＿＿＿＿＿＿＿＿ **morning**

□ 4　踊り**ましょう。**

　　＿＿＿＿＿＿＿＿＿＿ dance.

□ 5　果物が**とても**好きだ

　　like fruit **very** ＿＿＿＿＿＿＿＿＿

□ 6　**家で**仕事をする

　　work **at** ＿＿＿＿＿＿＿＿＿＿

□ 7　ジョンはプログラマー**になりました。**

　　John ＿＿＿＿＿＿＿＿＿＿ a programmer.

□ 8　私は朝食**前に**犬の散歩をします。

　　I walk my dog ＿＿＿＿＿＿＿＿＿ breakfast.

□ 9　富士山は**高さ**3,776メートルです。

　　Mt. Fuji is 3,776 meters ＿＿＿＿＿＿＿＿＿.

□ 10　コーヒー**はいかがですか。**

　　＿＿＿＿＿＿＿＿＿ **you like** some coffee?

□ 11　ローラはどこに**住んでいます**か。

　　Where does Laura ＿＿＿＿＿＿＿＿＿?

□ 12　疲れている**と感じる**なら, 休みをとりなさい。

　　If you ＿＿＿＿＿＿＿＿＿ tired, take a break.

□ 13　私たちはその知らせ**を聞いて**うれしく思っています。

　　We are happy to ＿＿＿＿＿＿＿＿＿ the news.

□ 14　私は飲む**もの**がほしいです。

　　I want ＿＿＿＿＿＿＿＿＿ to drink.

161位 ▶ 192位の 単語　単語を練習しよう。

# 161 only オウンリ[óunli] 発音	副 ただ〜だけ 形 ただ1つの	英検 5 CEFR A1			
# 162 house ハウス[haus]	名 家	英検 5 CEFR A1			
# 163 please つづり プリーズ[pli:z]	副 どうぞ	英検 5 CEFR A1			
# 164 up アプ[ʌp]	副 上へ	英検 5 CEFR A2			
# 165 kind カインド[kaind]	名 種類 形 親切な, やさしい	英検 5 CEFR A2			
# 166 around アラウンド[əráund]	前 〜のまわりに 副 あちこちに	英検 5 CEFR A2			
# 167 here ヒアァ[hiər]	副 ここに	英検 5 CEFR A1			
# 168 city スィティ[síti]	名 都市, 市	英検 5 CEFR A1			複 cities
# 169 watch ワーチ[wɑtʃ]	動 を(じっと)見る 名 腕時計	英検 5 CEFR A1			
# 170 father ファーザァ[fá:ðər]	名 父	英検 5 CEFR A1			
# 171 may メイ[mei]	助 〜してもよい	英検 5 CEFR A1			過 might
# 172 hard ハード[hɑːrd]	副 一生懸命に, 熱心に 形 難しい, かたい	英検 4 CEFR A1			
# 173 these ズィーズ[ðiːz]	代 これら 形 これらの	英検 5 CEFR A1			
# 174 different ディファレント[dífərənt] 発音	形 違った	英検 4 CEFR A1			
# 175 problem プラーブレム[prábləm]	名 問題	英検 4 CEFR A1			
# 176 understand アンダステァンド[ʌndərstǽnd] 発音	動 を理解する	英検 4 CEFR A2			過 understood - understood

# 177		英検 5			
OK オウケイ[oukéi]	副 形 よろしい	CEFR A1			

# 178 つづり	形 よりよい （goodの比較級）	英検 4			
better ベタァ[bétər]	副 よりよく（wellの比較級）	CEFR A1			

# 179		英検 4			熟 each other （おたがい）
each イーチ[i:tʃ]	形 それぞれの	CEFR A1			

# 180	動 を練習する	英検 5			
practice プレアクティス[prǽktis]	名 練習	CEFR A1			

# 181		英検 4			
word ワ〜ド[wə:rd] 発音	名 単語, 言葉	CEFR A1			

# 182		英検 5			
where フウェアァ[hweər]	副 どこ	CEFR A1			

# 183	動 を呼ぶ,	英検 5			熟 call A B （AをBと呼ぶ）
call コーゥ[kɔ:l]	に電話する	CEFR A1			

# 184	名 〜さん,	英検 5			
Ms. ミズ[miz]	〜先生	CEFR A2			

# 185		英検 5			
week ウィーク[wi:k]	名 週	CEFR A1			

# 186	動 を変える,	英検 4			
change チェインヂ[tʃeindʒ]	を乗りかえる	CEFR A1			

# 187		英検 5			つづり 比 bigger - biggest
big ビーグ[big]	形 大きい	CEFR A1			

# 188		英検 5			
three スリー[θri:]	名 形 3（の）	CEFR A1			

# 189	名 試合,	英検 5			
game ゲイム[geim]	ゲーム	CEFR A1			

# 190		英検 4			
town タウン[taun]	名 町	CEFR A1			

# 191		英検 4			
join ヂョイン[dʒɔin]	動 に加わる	CEFR A1			

# 192	形 すばらしい,	英検 5			
great グレイト[greit]	偉大な	CEFR A1			

最重要レベル

基本レベル

標準レベル

高得点レベル

超ハイレベル

単語・フレーズチェック

解答・解説…別冊解答P.4
正答数…STEP①　　問／24問　STEP②　　問／14問

STEP **1**　　空らんに日本語の意味を表す英単語を書こう。

□1　家

_____

□2　都市, 市

_____

□3　父

_____

□4　問題

_____

□5　単語, 言葉

_____

□6　週

_____

□7　3(の)

_____

□8　試合, ゲーム

_____

□9　町

_____

□10　種類, 親切な

_____

□11　これら, これらの

_____

□12　違った

_____

□13　大きい

_____

□14　どこ

_____

□15　～を呼ぶ, ～に電話する

_____

□16　～を変える

_____

□17　～を理解する

_____

□18　～を(じっと)見る, 腕時計

_____

□19　～を練習する, 練習

_____

□20　～に加わる

_____

□21　熱心に, 難しい

_____

CHECK　　**前回(129位〜160位)の単語・フレーズを確認しよう!**

□22　何を飲み**たいですか。**

What _____ you **like to** drink?

□23　ジョン**に手紙を書く**

_____ **to** John

□24　サラが近々日本に来る**そうです。**

I _____ Sarah is coming to Japan soon.

STEP **2**　空らんに日本語の意味を表す英単語を書き，フレーズを完成させよう。

□ **1**　**起きる**

get ＿＿＿＿＿＿＿＿＿＿

□ **2**　**世界中の人々**

people ＿＿＿＿＿＿＿＿＿＿ **the world**

□ **3**　**ここに来る**

come ＿＿＿＿＿＿＿＿＿＿

□ **4**　**おたがいに話し合う**

talk to ＿＿＿＿＿＿＿＿＿＿ **other**

□ **5**　**最近**

＿＿＿＿＿＿＿＿＿＿ **days**

□ **6**　東京で**電車を乗りかえる**

＿＿＿＿＿＿＿＿＿＿ **trains** at Tokyo

□ **7**　私には10分**しか**ありません。

I have ＿＿＿＿＿＿＿＿＿＿ ten minutes.

□ **8**　私にあなたの考えを教え**てください**。

＿＿＿＿＿＿＿＿＿＿ tell me your idea.

□ **9**　質問をし**てもよろしいですか**。── **いいですよ。**

＿＿＿＿＿＿＿＿＿＿ **I** ask you some questions? ── ＿＿＿＿＿＿＿＿＿＿.

□ **10**　私はコーヒー**より**紅茶**のほうが好きです。**

I **like** tea ＿＿＿＿＿＿＿＿＿＿ **than** coffee.

□ **11**　こちらはグリーン**さん**です。彼女は私たちの音楽の先生です。

This is ＿＿＿＿＿＿＿＿＿＿ Green.　She's our music teacher.

□ **12**　私は試験に合格しました。── **それはすばらしい！**

I passed the exam. ── **That's** ＿＿＿＿＿＿＿＿＿＿!

□ **13**　あなたの考えは私の**とは違います。**

Your idea **is** ＿＿＿＿＿＿＿＿＿＿ **from** mine.

□ **14**　あなたは**どんな種類の**音楽が好きですか。

What ＿＿＿＿＿＿＿＿＿＿ **of** music do you like?

193位 ▶ 224位の 単語　　単語を練習しよう。

# 193 **morning** モーニング[mɔ́ːrniŋ]	名 朝, 午前	英検 5 CEFR A1			
# 194 **teacher** ティーチャァ[tíːtʃər]	名 教師	英検 5 CEFR A1			
# 195 **together** トゥゲザァ[təɡéðər]	副 いっしょに	英検 5 CEFR A1			
# 196 **man** メァン[mæn]	名 男の人	英検 5 CEFR A1			複 men
# 197 (つづり) **often** オーフン[ɔ́ːfn]	副 よく, しばしば	英検 5 CEFR A1			
# 198 **speak** スピーク[spíːk]	動 を話す	英検 5 CEFR A1			変 spoke - spoken
# 199 **example** イグゼァンポゥ[iɡzǽmpl] (発音)	名 例	英検 3 CEFR A1			
# 200 **any** エニ[éni]	形 (疑問文で) いくらかの (否定文で)少しも	英検 5 CEFR A1			疑問文のanyは「何か少しでも」という意味だよ。
# 201 **interested** インタリスティド[íntəristid]	形 興味がある	英検 3 CEFR A1			比 more ～ - most ～
# 202 **question** クウェスチョン[kwéstʃən]	名 質問	英検 4 CEFR A1			
# 203 **most** モウスト[moust]	副 最も, いちばん 形 ほとんどの	英検 4 CEFR A2			
# 204 **shop** シャープ[ʃɑp]	名 店	英検 5 CEFR A1			
# 205 **just** ヂャスト[dʒʌst]	副 ちょうど, ほんの	英検 5 CEFR A1			
# 206 **walk** ウォーク[wɔːk]	動 歩く 名 散歩	英検 5 CEFR A1			
# 207 **meet** ミート[miːt]	動 に会う	英検 5 CEFR A1			変 met - met
# 208 (つづり) **water** ウォーダァ[wɔ́ːtər]	名 水	英検 5 CEFR A1			

# 209 **experience** イクスピリエンス[ikspíəriəns]	名 経験 動 を経験する	英検 3 CEFR A2			
# 210 **same** セイム[seim]	形 同じ	英検 4 CEFR A1			sameは前にtheがつくことが多いよ。
# 211 〈つづり〉 **small** スモーゥ[smɔ:l]	形 小さい	英検 5 CEFR A1			
# 212 **interesting** インタリスティング[íntəristiŋ]	形 おもしろい，興味深い	英検 4 CEFR A1			「知的な興味を引く」という意味だよ。
# 213 **back** ベァック[bæk]	副 うしろへ 名 背中，うしろ	英検 5 CEFR A2			
# 214 **best** ベスト[best]	形 最もよい（goodの最上級） 副 最もよく（wellの最上級）	英検 4 CEFR A1			比 good / well - better - best
# 215 **sure** シュアァ[ʃuər]	形 確信して 副 （返事で）もちろん	英検 5 CEFR A1			熟 I'm sure (that) ～.（きっと～だと思う）
# 216 **event** イヴェント[ivént]	名 行事	英検 4 CEFR A1			
# 217 **nice** ナイス[nais]	形 すてきな，親切な	英検 5 CEFR A1			
# 218 **station** ステイション[stéiʃən]	名 駅	英検 5 CEFR A1			
# 219 **future** フューチャァ[fjú:tʃər]	名 未来	英検 4 CEFR B1			
# 220 **out** アウト[aut]	副 外へ	英検 5 CEFR A1			
# 221 **stay** ステイ[stei]	動 滞在する 名 滞在	英検 4 CEFR B1			熟 stay with ～（～の家に滞在する）
# 222 **room** ルーム[ru:m]	名 部屋	英検 5 CEFR A1			
# 223 〈つづり〉 **answer** エァンサァ[ǽnsər]	動 に答える 名 答え	英検 5 CEFR A1			
# 224 **animal** エァニマゥ[ǽnəməl]	名 動物	英検 5 CEFR A1			

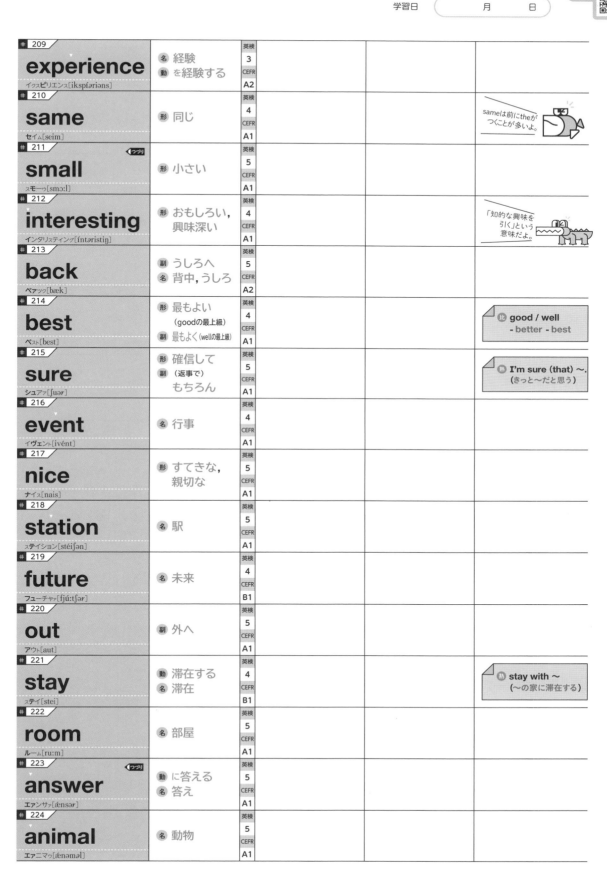

最重要レベル

基本レベル

標準レベル

高得点レベル

超ハイレベル

STEP 1 空らんに日本語の意味を表す英単語を書こう。

1 朝, 午前

_____

2 教師

_____

3 男の人

_____

4 例

_____

5 店

_____

6 水

_____

7 経験, ～を経験する

_____

8 行事

_____

9 駅

_____

10 未来

_____

11 部屋

_____

12 動物

_____

13 質問

_____

14 ～を話す

_____

15 歩く, 散歩

_____

16 ～に会う

_____

17 滞在する, 滞在

_____

18 ～に答える, 答え

_____

19 いっしょに

_____

20 小さい

_____

21 おもしろい, 興味深い

_____

CHECK 前回(161位～192位)の単語・フレーズを確認しよう!

22 世界中で

_____ the world

23 おたがいを見る

look at _____ other

24 はい, どうぞ。

_____ you are.

25 大丈夫です。

No _____.

STEP 2　空らんに日本語の意味を表す英単語を書き，フレーズを完成させよう。

□ 1　**最も人気のある**歌手

the ＿＿＿＿＿＿ popular singer

□ 2　**同時に**

at the ＿＿＿＿＿＿ time

□ 3　イギリス**に帰っていく**

go ＿＿＿＿＿＿ to the U.K.

□ 4　**いちばんじょうずな**選手

the ＿＿＿＿＿＿ player

□ 5　**たとえば**

for ＿＿＿＿＿＿

□ 6　祖父母**の家に滞在する**

＿＿＿＿＿＿ with my grandparents

□ 7　私は**よく**弟とテニスをします。

I ＿＿＿＿＿＿ play tennis with my brother.

□ 8　姉はファッション**に興味があります**。

My sister is ＿＿＿＿＿＿ in fashion.

□ 9　今週末は**何か**予定がありますか。

Do you have ＿＿＿＿＿＿ plans for this weekend?

□ 10　トムは**ちょうど**宿題を終えたところです。

Tom has ＿＿＿＿＿＿ finished his homework.

□ 11　窓を開けてもらえませんか。—— **もちろん**。

Can you open the window? —— ＿＿＿＿＿＿.

□ 12　あなたの着物は**すてき**ですね。

Your kimono is ＿＿＿＿＿＿.

□ 13　あなたはきのう**外出し**ましたか。

Did you go ＿＿＿＿＿＿ yesterday?

□ 14　私は**将来**, 宇宙旅行をしたいです。

I want to travel in space in the ＿＿＿＿＿＿.

225位 ▶ 256位の 単語　単語を練習しよう。

#	単語	品詞・意味	英検 / CEFR		メモ
# 225	**library** つづり ライブレリ[láibreri]	名 図書館	英検 5 CEFR A1		複 libraries
# 226	**clean** クリーン[kli:n]	動 をそうじする 形 きれいな	英検 5 CEFR A1		
# 227	**park** パーク[pɑːrk]	名 公園	英検 5 CEFR A1		
# 228	**beautiful** ビューティフォ[bjúːtəfəl]	形 美しい	英検 5 CEFR A1		比 more ～ - most ～
# 229	**again** アゲン[əgén]	副 再び, また	英検 4 CEFR A1		
# 230	**difficult** つづり ディフィカゥト[dífikəlt]	形 難しい	英検 4 CEFR A1		比 more ～ - most ～
# 231	**mean** ミーン[mi:n]	動 を意味する	英検 3 CEFR A2		発音 過 meant[メント] - meant
# 232	**decide** ディサイド[disáid]	動 を決める	英検 3 CEFR A2		
# 233	**bag** ベアグ[bæg]	名 かばん, 袋	英検 5 CEFR A1		
# 234	**name** ネイム[neim]	名 名前 動 名づける	英検 5 CEFR A1		熟 name A B (AをBと名づける)
# 235	**teach** ティーチ[ti:tʃ]	動 を教える	英検 5 CEFR A1		発音 つづり 過 taught[トート] - taught
# 236	**popular** つづり パーピュラァ[pápjulər]	形 人気のある	英検 5 CEFR A2		比 more ～ - most ～
# 237	**hope** ホウプ[houp]	動 を望む 名 希望	英検 4 CEFR A1		
# 238	**stop** スターブ[stap]	動 を止める, 止まる	英検 5 CEFR A1		過 stopped ing形 stopping
# 239	**keep** キープ[ki:p]	動 を保つ, ～し続ける	英検 3 CEFR A1		過 kept - kept
# 240	**club** クラブ[klʌb]	名 クラブ, 部	英検 5 CEFR A1		

# 241 つづり			英検 5			
movie ムーヴィ[mú:vi]		名 映画	CEFR A1			
# 242			英検 5			過 ran - run ing形 running
run ラン[rʌn]		動 走る	CEFR A1			
# 243			英検 5			
music ミューズィク[mjú:zik]		名 音楽	CEFR A1			
# 244			英検 5			
always オーゥウェイズ[ɔ́:lweiz]		副 いつも	CEFR A1			
# 245			英検 5			
month マンス[mʌnθ]		名 月	CEFR A1			
# 246 つづり			英検 5			
lunch ランチ[lʌntʃ]		名 昼食	CEFR A1			
# 247			英検 4			過 left - left
leave リーヴ[li:v]		動 を去る, 出発する, を置いていく	CEFR B1			
# 248			英検 5			発音 複 women[ウィミン]
woman ウマン[wúmən]		名 女の人	CEFR A1			
# 249			英検 5			
love ラヴ[lʌv]		動 が大好きである 名 愛	CEFR A1			
# 250			英検 5			
story ストーリ[stɔ́:ri]		名 物語	CEFR A1			
# 251			英検 3			
plastic プレァスティク[plǽstik]		形 プラスチックの	CEFR A2			
# 252 つづり			英検 5			
listen リスン[lísn]		動 聞く	CEFR A1			
# 253			英検 5			過 put - put ing形 putting
put プット[put]		動 を置く	CEFR A1			
# 254			英検 5			
everyone エヴリワン[évriwʌn]		代 みんな	CEFR A1			
# 255 つづり			英検 4			
member メンバァ[mémbər]		名 メンバー, 一員	CEFR A2			
# 256			英検 4			発音 過 brought[ブロート] - brought
bring ブリング[briŋ]		動 を持ってくる	CEFR A1			

最重要レベル

基本レベル

標準レベル

高得点レベル

超ハイレベル

単語・フレーズチェック

解答・解説…別冊解答P.5
正答数…STEP① 問／25問 STEP② 問／14問

STEP 1 空らんに日本語の意味を表す英単語を書こう。

□1 図書館

_____

□2 公園

_____

□3 かばん, 袋

_____

□4 名前, ～と名づける

_____

□5 クラブ, 部

_____

□6 映画

_____

□7 音楽

_____

□8 昼食

_____

□9 女の人

_____

□10 物語

_____

□11 メンバー, 一員

_____

□12 ～を持ってくる

_____

□13 ～を置く

_____

□14 ～が大好きである, 愛

_____

□15 走る

_____

□16 ～を望む, 希望

_____

□17 ～を教える

_____

□18 ～を決める

_____

□19 美しい

_____

□20 難しい

_____

□21 ～を保つ, ～し続ける

_____

CHECK 前回（193位～224位）の単語・フレーズを確認しよう!

□22 たとえば

for _____

□23 話し合いましょう。

Let's talk _____.

□24 きっとあなたは勝ちます。

I'm _____ you'll win.

□25 彼は芸術に興味があります。

He is _____ in art.

STEP **2**　空らんに日本語の意味を表す英単語を書き，フレーズを完成させよう。

□1　川をそうじする

　　_____ the river

□2　毎月

　　every _____

□3　カナダに向けて出発する

　　_____ **for** Canada

□4　ペットボトル

　　a _____ **bottle**

□5　そうだといいですね。

　　I _____ **so.**

□6　赤ちゃんをネイトと名づける

　　_____ the baby Nate

□7　もう一度言っていただけますか。

　　Would you say that _____?

□8　どういう意味ですか。

　　What do you _____?

□9　弟はテレビを見るのをやめて，勉強を始めました。

　　My brother _____ watching TV and started studying.

□10　ヒナタはいつもみんなに親切です。

　　Hinata is _____ kind to _____.

□11　私の話を注意して聞いてください。

　　_____ to me carefully.

□12　姉は留学することに決めました。

　　My sister _____ to study abroad.

□13　この歌手は若者たちの間で人気があるのですか。

　　Is this singer _____ among young people?

□14　ブラウン先生は私たちに英語を教えています。

　　Mr. Brown _____ us English.

257位 ▶ 280位の 単語　単語を練習しよう。

257 つづり	**number** ナンバァ[nʌ́mbər]	名 数, 番号	英検 5 CEFR A1			
258	**begin** ビギン[bigín]	動 を始める, 始まる	英検 5 CEFR A1			過 began - begun ing形 beginning
259	**choose** チューズ[tʃuːz]	動 を選ぶ	英検 3 CEFR A1			過 chose - chosen
260	**tomorrow** トゥモーロウ[təmɔ́:rou]	副 名 あす(は)	英検 5 CEFR A1			
261	**sister** スィスタァ[sístər]	名 姉, 妹	英検 5 CEFR A1			
262	**job** チャーブ[dʒɑb]	名 仕事	英検 5 CEFR A1			
263	**information** インフォメイション[infərméiʃən]	名 情報	英検 4 CEFR A1			anをつけないし, 複数形にもしないよ。
264	**another** アナザァ[ənʌ́ðər] 発音	形 もう1つの	英検 4 CEFR A1			
265	**been** ビーン[biːn]	動 助 beの過去分詞	英検 3 CEFR A2			
266 つづり	**foreign** フォーリン[fɔ́:rin]	形 外国の	英検 3 CEFR A1			
267 つづり	**cook** クック[kuk]	動 を料理する 名 料理人	英検 5 CEFR A1			
268 つづり	**train** トレイン[trein]	名 電車	英検 5 CEFR A1			
269	**hour** アウアァ[áuər] 発音	名 1時間	英検 5 CEFR A1			母音で始まる語なので,「1時間」はan hourというよ。
270 つづり	**young** ヤング[jʌŋ]	形 若い	英検 5 CEFR A1			
271	**team** ティーム[tiːm]	名 チーム	英検 5 CEFR A1			
272	**such** サチ[sʌtʃ]	形 そのような	英検 3 CEFR A2			

# 273		英検			
festival	名 祭り	4			
フェスティヴォッ[féstəvəl]		CEFR A1			
# 274		英検			
over	前 副 ～の上に	5			
オウヴァァ[óuvər]		CEFR A2			
# 275		英検			
even	副 ～でさえ	3			
イーヴン[í:vən] 発音		CEFR B1			
# 276		英検			
summer	名 夏	5			
サマァ[sʌ́mər]		CEFR A1			
# 277 つづり		英検			
never	副 決して～ない	3			
ネヴァァ[névər]		CEFR A1			
# 278 つづり		英検			比 less - least
little	形 小さい, 少量の	5			
リトォ[lítl]		CEFR A1			
# 279		英検			
ago	副 (今から)～前に	4			
アゴウ[əgóu]		CEFR A1			
# 280		英検			
brother	名 兄, 弟	5			
ブラザァ[brʌ́ðər]		CEFR A1			

最重要レベル

基本レベル

標準レベル

高得点レベル

超ハイレベル

STEP 1 空らんに日本語の意味を表す英単語を書こう。

□1 数, 番号

_____

□2 姉, 妹

_____

□3 仕事

_____

□4 情報

_____

□5 電車

_____

□6 1時間

_____

□7 チーム

_____

□8 祭り

_____

□9 夏

_____

□10 兄, 弟

_____

□11 ～を始める, 始まる

_____

□12 ～を選ぶ

_____

□13 ～を料理する, 料理人

_____

□14 若い

_____

□15 あす(は)

_____

CHECK 前回(225位〜256位)の単語・フレーズを確認しよう!

□16 ビニール袋

a _____ **bag**

□17 フランスに向けて日本を**出発する**

_____ Japan for France

□18 **音楽を聞く**

_____ **to music**

□19 ブラスバンドの**一員**

a _____ of a brass band

□20 それはどういう**意味ですか。**

What do you _____ by that?

□21 それをあなたに気に入ってもらえる**といいのですが。**

I _____ you like it.

STEP **2** 空らんに日本語の意味を表す英単語を書き，フレーズを完成させよう。

□1 私の**もう１人の**友人

_____ friend of mine

□2 **よくやったね。**

You did a good _____.

□3 **外国**

a _____ **country**

□4 **向こうに**

_____ **there**

□5 **１時間**

for an _____

□6 10年**前に**

ten years _____

□7 訪問者**数**

the _____ of visitors

□8 **若い**人たち

_____ people

□9 あなたは今までに沖縄**へ行ったことがありますか**。

Have you ever _____ **to** Okinawa?

□10 **そんなこと**をするのはやめなさい。

Don't do _____ **a thing**.

□11 祖父は週末**でさえも**早起きします。

My grandfather gets up early _____ on weekends.

□12 ユウタは**一度も**学校に遅刻したことがあり**ません**。

Yuta has _____ been late for school.

□13 私は**少し**疲れています。

I am **a** _____ tired.

□14 いつ雪が降り**始め**たのですか。

When did it _____ snowing?

□15 私たちは卓球**部**に入っています。

We are on the table tennis _____.

1 次の英文の（　　）内から適する語を選び，記号を○で囲みましょう。　　[2点×6]

① I will（ ア talk　　イ stay　　ウ visit　　エ take ）my brother to the park.

② What do you call this flower（ ア in　　イ for　　ウ on　　エ at ）English?

③ Becky is the tallest（ ア in　　イ of　　ウ on　　エ at ）us all.

④ （ ア It　　イ This　　ウ There　　エ That ）is a lot of water in the bottle.

⑤ My friends always（ ア give　　イ do　　ウ become　　エ make ）me happy.

⑥ I usually go to school（ ア to　　イ in　　ウ with　　エ by ）bike.

2 次の英文の（　　）内の語を適する形に書きかえましょう。　　[3点×5]

① There are three（ man ）in this room, and all of them wear glasses. ＿＿＿＿＿＿＿＿

② This morning I（ leave ）home at five to fly to New York. ＿＿＿＿＿＿＿＿

③ My parents were（ have ）breakfast in London at that time. ＿＿＿＿＿＿＿＿

④ We have（ be ）in Sydney since December 30. ＿＿＿＿＿＿＿＿

⑤ Jack, do you have（ many ）comic books than I do? ＿＿＿＿＿＿＿＿

3 次の日本文に合う英文になるように，＿＿に適する語を書きましょう。　　[5点×3]

① 先生がそのニュースについて私たちに教えてくれるでしょう。

Our teacher will ＿＿＿＿＿＿＿＿ us ＿＿＿＿＿＿＿＿ the news.

② トムは私にそのチームに参加してもらいたがっています。

Tom ＿＿＿＿＿＿＿＿ me to ＿＿＿＿＿＿＿＿ the team.

③ この物語はある日本人女性によって書かれました。

This story was ＿＿＿＿＿＿＿＿ by a ＿＿＿＿＿＿＿＿ woman.

4 次の英文が完成するように，①，③の(　　)の語を適する形にかえ，②，④の(　　)
に適する語を入れましょう。ただし，与えられた文字で始めること。 [5点×4]

　Last week, we had a work experience. I ①(choose) the kindergarten, and went there
with some of my classmates. We played in the *yard ②(b　　　) lunch. I enjoyed playing
dodgeball with the ③(child). In the afternoon, I read some picture books to them. They
④(l　　　) to me and enjoyed it very much. It was a lot of fun.

(注) yard：庭

① _____　② _____　③ _____　④ _____

5 次の会話が成り立つように，(　　)内の語を並べかえましょう。 [6点×4]

① *A:* Thank (my / for / answering / questions / you).
　B: Not at all. Ask me anytime.

　Thank _____ .

② *A:* (time / did / you / what / get) up, Sam?
　B: At six. I cooked breakfast this morning.

　_____ up, Sam?

③ *A:* (you / seen / pandas / ever / have), Judy?
　B: Yes. I saw them this summer in Wakayama.

　_____ , Judy?

④ *A:* Bob, can you (to / use / how / show / me) this computer?
　B: Sure.

　Bob, can you _____ this computer?

6 次の日本文を英語に直しましょう。 [7点×2]

① あなたは日本についてどう思いますか。

　_____

② 私は夏がいちばん好きです。

　_____

まとめてチェック まとめて単語を練習しよう。

代名詞（単数）

意　味	～は		～の		～を／に		～のもの	
私	I	アィ[ai]	my	マィ[mai]	me	ミー[miː]	mine	マイン[main]
あなた	you	ユー[juː]	your	ユアァ[juar]	you	ユー[juː]	yours	ユアァズ[juarz]
彼	he	ヒー[hiː]	his	ヒズ[hiz]	him	ヒム[him]	his	ヒズ[hiz]
彼女	she	シー[ʃiː]	her	ハ～ァ[həːr]	her	ハ～ァ[həːr]	hers	ハ～ズ[həːrz]
それ	it	イット[it]	its	イッ[its]	it	イット[it]	—	

代名詞（複数）

意　味	～は		～の		～を／に		～のもの	
私たち	we	ウィー[wiː]	our	アウアァ[áuar]	us	アス[ʌs]	ours	アウアズ[áuarz]
あなたたち	you	ユー[juː]	your	ユアァ[juar]	you	ユー[juː]	yours	ユアァズ[juarz]
彼ら 彼女ら それら	they	ゼィ[ðei]	their	ゼアァ[ðear]	them	ゼム[ðem]	theirs	ゼアァズ[ðearz]

It's fun to learn, isn't it?
（覚えるって楽しいよね？）

高校入試ランク | 281位 ▶ 640位

#
RANK

基本レベル

この章で学習するのは，高校入試で数多く出ている基本単語です。リスニングや長文読解，英作文など，さまざまなジャンルの問題で頻出する単語ばかりですので，もれなく確実にマスターしましょう。

281位 ▶ 312位の **単語** （単語を練習しよう。）

# 281 boy ボイ[bɔi]	名 男の子	英検 5 / CEFR A1			
# 282 however ハウエヴァァ[hauévər]	副 しかしながら	英検 4 / CEFR A2			
# 283 〔つづり〕 during デュアリング[djúəriŋ]	前 ～の間（に）	英検 5 / CEFR A1			
# 284 〔つづり〕 usually ユージュアリ[júːʒuəli]	副 ふつうは	英検 5 / CEFR A1			
# 285 girl ガ～ゥ[gəːrl] 〔発音〕	名 女の子	英検 5 / CEFR A1			
# 286 into イントゥー[íntuː]	前 ～の中へ	英検 4 / CEFR A1			
# 287 〔つづり〕 night ナイト[nait]	名 夜	英検 5 / CEFR A1			
# 288 sometimes サムタイムズ[sʌ́mtaimz]	副 ときどき	英検 5 / CEFR B1			
# 289 part パート[pɑːrt]	名 部分	英検 4 / CEFR A2			
# 290 bus バス[bʌs]	名 バス	英検 5 / CEFR A1			by busのbusの前には, aやtheはつけないよ。
# 291 〔つづり〕 language レァングウィヂ[lǽŋgwidʒ]	名 言語	英検 4 / CEFR A1			
# 292 second セカンド[sékənd] 〔発音〕	名 形 2番目（の）	英検 5 / CEFR A1			
# 293 sound サウンド[saund]	動 に聞こえる 名 音	英検 4 / CEFR B2			
# 294 museum ミューズィーアム[mjuːzíːəm] 〔発音〕	名 博物館, 美術館	英検 4 / CEFR A2			
# 295 near ニアァ[niər]	前 ～の近くに	英検 5 / CEFR B1			
# 296 〔つづり〕 minute ミニト[mínit]	名 分	英検 5 / CEFR A1			

学習日　月　日

# 297 **money** マニ[mʌ́ni]	名 お金	英検 5 CEFR A1			
# 298 **restaurant** レストラント[réstərənt] (発音)	名 レストラン	英検 5 CEFR A1			
# 299 **parent** ペアレント[péərənt] (発音)	名 親	英検 4 CEFR A1			
# 300 **five** ファイヴ[faiv]	名 形 5（の）	英検 5 CEFR A1			
# 301 **win** ウィン[win]	動 に勝つ，（賞など）を獲得する	英検 4 CEFR B2			過 won - won ing形 winning
# 302 **flower** フラウアァ[fláuər] (つづり)	名 花	英検 5 CEFR A1			
# 303 **surprised** サプライズド[sərpráizd]	形 驚いた	英検 4 CEFR A2			
# 304 **soccer** サーカァ[sákər] (つづり)	名 サッカー	英検 5 CEFR A1			
# 305 **smile** スマイゥ[smail]	動 ほほえむ 名 ほほえみ	英検 5 CEFR A1			
# 306 **favorite** フェイヴァリト[féivərit] (つづり)	形 いちばん好きな	英検 5 CEFR A1			名詞で「お気に入りの物[人]」という意味もあるよ。
# 307 **group** グループ[gru:p]	名 集団，グループ	英検 4 CEFR A1			
# 308 **special** スペシャゥ[spéʃəl]	形 特別な	英検 4 CEFR A1			
# 309 **car** カーァ[kɑ:r]	名 車	英検 5 CEFR A1			
# 310 **move** ムーヴ[mu:v]	動 引っ越す，を動かす	英検 4 CEFR A1			
# 311 **dog** ドーグ[dɔ:g]	名 犬	英検 5 CEFR A1			
# 312 **remember** リメンバァ[rimémbər]	動 を覚えている，思い出す	英検 4 CEFR A1			

最重要レベル / 基本レベル / 標準レベル / 高得点レベル / 超ハイレベル

49

単語・フレーズチェック

解答・解説…別冊解答P.8
正答数…STEP①　問／25問　STEP②　問／13問

STEP 1　空らんに日本語の意味を表す英単語を書こう。

☐ 1　男の子

_____

☐ 2　女の子

_____

☐ 3　バス

_____

☐ 4　博物館, 美術館

_____

☐ 5　お金

_____

☐ 6　レストラン

_____

☐ 7　親

_____

☐ 8　5（の）

_____

☐ 9　花

_____

☐ 10　サッカー

_____

☐ 11　集団, グループ

_____

☐ 12　車

_____

☐ 13　犬

_____

☐ 14　〜を覚えている

_____

☐ 15　引っ越す, 〜を動かす

_____

☐ 16　〜に勝つ

_____

☐ 17　〜に聞こえる, 音

_____

☐ 18　ときどき

_____

☐ 19　2番目（の）

_____

☐ 20　ほほえむ, ほほえみ

_____

☐ 21　特別な

_____

CHECK　前回（257位〜280位）の単語・フレーズを確認しよう！

☐ 22　1時間前に

an _____ _____

☐ 23　あすの朝

_____ morning

☐ 24　そんなことを言ってはいけません。

Don't say _____ a thing.

☐ 25　私はインドに行ったことがあります。

I've _____ to India.

STEP **2** 空らんに日本語の意味を表す英単語を書き, フレーズを完成させよう。

1 春休み**の間に**

_____ spring vacation

2 夜に

at _____

3 この物語**の一部**

a _____ **of** this story

4 外国**語**

a foreign _____

5 私は父の考えに賛成でした。**しかしながら**, 母はうんと言いませんでした。

I agreed to my father's idea. _____ my mother didn't say yes.

6 私は**ふつうは** 8 時に家を出ます。

I _____ leave home at eight.

7 スミス先生は職員室**の中へ**入っていきました。

Ms. Smith _____ _____ the teachers' office.

8 私の学校は駅**の近く**です。

My school is _____ the station.

9 駅から 5 **分**かかります。

It takes five _____ from the station.

10 私はそれを聞いて**驚きました**。

I **was** _____ to hear that.

11 あなたの**いちばん好きな**季節は何ですか。

What is your _____ season?

12 （聞いたところ）それはおもしろ**そうです**。

That _____ interesting.

13 私たちのチームは**優勝しました**。

Our team _____ **first prize**.

313位 ▶ 344位の 単語　単語を練習しよう。

# 313 **grow** グロウ[grou]	動	を育てる, 成長する	英検 4 CEFR A1			過 grew - grown
# 314 **hello** ハロウ[həlóu]	間	やあ, こんにちは, (電話で)もしもし	CEFR A1			
# 315 **sport** スポート[spoːrt]	名	スポーツ	英検 5 CEFR A1			
# 316 **soon** スーン[suːn]	副	すぐに	英検 5 CEFR A1			See you soon. は別れるときのあいさつだよ。
# 317 **send** センド[send]	動	を送る	英検 4 CEFR A2			過 sent - sent
# 318 **worry** ワ〜リ[wə́ːri]	動	心配する	英検 4 CEFR A1			3単現 worries 過 worried
# 319 **culture** カッチャァ[kʌ́ltʃər] つづり	名	文化	英検 3 CEFR A1			
# 320 **America** アメリカ[əmérikə]	名	アメリカ	英検 4 CEFR A1			
# 321 **famous** フェイマス[féiməs] 発音	形	有名な	英検 4 CEFR A1			比 more ~ - most ~
# 322 **finish** フィニッシュ[fíniʃ]	動	を終える, 終わる	英検 4 CEFR A1			
# 323 **without** ウィザウト[wiðáut]	前	～なしで	英検 3 CEFR A2			
# 324 **Sunday** サンデイ[sʌ́ndei] つづり	名	日曜日	英検 5 CEFR A1			
# 325 **those** ゾウズ[ðouz]	代 形	あれら あれらの	英検 5 CEFR A1			
# 326 **own** オウン[oun]	形	自分自身の	英検 4 CEFR A1			my, yourなどの所有格のあとで使うよ。
# 327 **volunteer** ヴァランティアァ[vɑləntíər] 発音	名	ボランティア	英検 4 CEFR B2			
# 328 **still** スティッ[stil]	副	まだ	英検 4 CEFR A1			ふつう一般動詞の前, be動詞や助動詞のあとにくるよ。

52

#	語	品詞・意味	英検/CEFR			メモ
329	color カラァ[kʌ́lər] (つづり)	名 色	英検 5 / CEFR A1			
330	internet インタネト[íntərnet]	名 インターネット	英検 3 / CEFR A1			熟 on the internet（インターネット(上)で）
331	history ヒストゥリ[hístəri]	名 歴史	英検 5 / CEFR A1			
332	hold ホウゥド[hould]	動 を手に持つ，を開催する	英検 3 / CEFR A1			変 held - held
333	through スルー[θru:] (発音)	前 ～を通り抜けて	英検 3 / CEFR B1			
334	believe ビリーヴ[bilíːv] (つづり)	動 を信じる	英検 3 / CEFR A1			
335	easy イーズィ[íːzi]	形 簡単な	英検 5 / CEFR A1			比 easier - easiest (つづり)
336	sorry ソーリ[sɔ́ːri] (つづり)	形 すまなく思って	英検 5 / CEFR A1			I'm sorry. には, That's all right.（大丈夫です。）などと応じるよ。
337	down ダウン[daun]	副 下へ	英検 5 / CEFR B2			
338	activity エァクティヴィティ[æktívəti]	名 活動	英検 3 / CEFR A1			
339	yesterday イェスタデイ[jéstərdei]	副 名 きのう(は)	英検 4 / CEFR A1			
340	open オウプン[óupən]	動 を開く 形 開いている	英検 5 / CEFR A1			
341	Saturday セァタデイ[sǽtərdei] (つづり)	名 土曜日	英検 5 / CEFR A1			
342	speech スピーチ[spi:tʃ]	名 スピーチ，演説	英検 4 / CEFR A1			
343	sea スィー[si:]	名 海	英検 5 / CEFR A1			
344	later レイタァ[léitər]	副 あとで	英検 5 / CEFR B2			

STEP 1　空らんに日本語の意味を表す英単語を書こう。

1 スポーツ	**2** 文化	**3** アメリカ
_____	_____	_____
4 日曜日	**5** ボランティア	**6** 色
_____	_____	_____
7 歴史	**8** 活動	**9** 土曜日
_____	_____	_____
10 海	**11** ～を育てる, 成長する	**12** ～を送る
_____	_____	_____
13 ～を信じる	**14** ～を開く, 開いている	**15** きのう(は)
_____	_____	_____
16 有名な	**17** すぐに	**18** 簡単な
_____	_____	_____
19 すまなく思って	**20** まだ	**21** ～を終える, 終わる
_____	_____	_____

CHECK　前回(281位～312位)の単語・フレーズを確認しよう!

22 私の**いちばん好きな**教科

my _____ subject

23 (聞いたところ)それは**楽しそうです**。

That _____ **like fun**.

24 私の日本滞在**中に**

_____ my stay in Japan

25 私はその知らせ**に驚きました**。

I **was** _____ **at** the news.

STEP **2** 空らんに日本語の意味を表す英単語を書き, フレーズを完成させよう。

⬜1 こんにちは。

_____.

⬜2 心配しないで。

Don't _____.

⬜3 あのころ

in _____ days

⬜4 インターネットで

on the _____

⬜5 すわる

sit _____

⬜6 スピーチをする

make a _____

⬜7 私は朝食を食べ**ずに**家を出ました。

I left home _____ eating breakfast.

⬜8 私は自分**自身の**コンピューターを使っています。

I am using my _____ computer.

⬜9 合唱コンクールは10月に**行われます**。

The chorus contest will **be** _____ in October.

⬜10 ゲート**を通り抜けて**行ってください。

Go _____ the gate.

⬜11 2日**後に**, 私は日本に戻りました。

Two days _____, I returned to Japan.

⬜12 **すみません**が, 私はあなたといっしょに行けません。

I'm _____, but I can't go with you.

⬜13 この公園は桜の花**で有名です**。

This park **is** _____ **for** its cherry blossoms.

⬜14 あなたはレポートを書き**終え**ましたか。

Did you _____ writing the report?

345位 ▶ 376位の 単語　［単語を練習しよう。］

# 345 **shopping** シャーピング[ʃápiŋ]	名 買い物	英検 5 / CEFR A1			
# 346 **homework** ホウムワ〜ク[hóumwəːrk]	名 宿題	英検 5 / CEFR A1			数えられない名詞なので、aをつけたり、複数形にしたりしないよ。
# 347 **plan** プレアン[plæn]	名 計画 / 動 を計画する	英検 4 / CEFR A1			過 planned / ing形 planning
# 348 **wear** ウェアァ[weər]	動 を身につけている	英検 5 / CEFR A1			過 wore - worn
# 349 つづり **birthday** バ〜スデイ[bə́ːrθdei]	名 誕生日	英検 5 / CEFR A1			
# 350 **large** ラーデ[lɑːrdʒ]	形 大きい	英検 5 / CEFR A1			比 larger - largest
# 351 **must** マスト[mʌst]	助 ～しなければならない	英検 4 / CEFR A1			
# 352 つづり **course** コース[kɔːrs]	名 コース，進路	英検 3 / CEFR A1			熟 of course (もちろん)
# 353 **bad** ベアド[bæd]	形 悪い	英検 4 / CEFR A1			比 worse - worst
# 354 **weekend** ウィーケンド[wíːkend]	名 週末	英検 5 / CEFR A1			
# 355 **drink** ドリンク[driŋk]	動 を飲む	英検 5 / CEFR A1			過 drank - drunk
# 356 **happen** ヘァプン[hǽpən]	動 起こる	英検 3 / CEFR A1			
# 357 **classmate** クレアスメイト[klǽsmeit]	名 クラスメイト	英検 4 / CEFR A1			
# 358 **song** ソーング[sɔːŋ]	名 歌	英検 5 / CEFR A1			
# 359 **wait** ウェイト[weit]	動 待つ	英検 4 / CEFR B2			
# 360 **bike** バイク[baik]	名 自転車	英検 5 / CEFR A1			bicycleとも言うよ。

# 361 **away** アウェイ[əwéi]	副 離れて	英検 4 CEFR A1			
# 362 **dinner** ディナァ[dínər]	名 夕食	英検 5 CEFR A1			dinnerは1日でいちばん豪華な食事のことで、ふつうは「夕食」だよ。
# 363 **its** イッ[its]	代 それの	英検 5 CEFR A1			
# 364 **able** エイボゥ[éibl]	形 できる	英検 3 CEFR B1			熟 be able to ～ （～できる）
# 365 **hand** ヘァンド[hænd]	名 手	英検 5 CEFR A1			
# 366 **Australia** オーストレイリャ[ɔːstréiljə] 発音	名 オーストラリア	英検 5			
# 367 **enough** イナフ[ináf] 発音	形 十分な 副 十分に	英検 3 CEFR A2			
# 368 **few** フュー[fjuː]	形 （a fewで）少数の	英検 5 CEFR A2			
# 369 **four** フォーァ[fɔːr] つづり	名 形 4（の）	英検 5 CEFR A1			
# 370 **wonderful** ワンダフォ[wʌndərfl]	形 すばらしい	英検 4 CEFR A1			比 more ～ - most ～
# 371 **person** パ〜スン[pə́ːrsn]	名 人	英検 3 CEFR A1			
# 372 **clothes** クロウズ[klouz] 発音	名 衣服	英検 4 CEFR A1			
# 373 **anything** エニスィング[éniθiŋ]	代 （疑問文で）何か （否定文で）何も（～ない）	英検 4 CEFR			
# 374 **plant** プレァント[plænt]	名 植物 動 を植える	英検 4 CEFR A2			
# 375 **true** トルー[truː]	形 本当の	英検 3 CEFR A1			熟 come true （(夢などが)実現する）
# 376 **tree** トリー[triː]	名 木	英検 5 CEFR A1			

最重要レベル　基本レベル　標準レベル　高得点レベル　超ハイレベル

単語・フレーズチェック

解答・解説…別冊解答P.8
正答数…STEP① 問／25問　STEP② 問／13問

STEP 1　空らんに日本語の意味を表す英単語を書こう。

1 宿題
_____

2 誕生日
_____

3 週末
_____

4 クラスメイト
_____

5 歌
_____

6 自転車
_____

7 夕食
_____

8 手
_____

9 オーストラリア
_____

10 衣服
_____

11 木
_____

12 植物, ～を植える
_____

13 それの
_____

14 4 (の)
_____

15 すばらしい
_____

16 大きい
_____

17 悪い
_____

18 ～を身につけている
_____

19 ～を飲む
_____

20 起こる
_____

21 待つ
_____

CHECK　前回（313位〜344位）の単語・フレーズを確認しよう！

22 ごめんなさい。

I'm _____.

23 心配しないで。

Don't _____.

24 日本**文化**

Japanese _____

25 私は**まだ**学生です。

I'm _____ a student.

STEP **2**　空らんに日本語の意味を表す英単語を書き, フレーズを完成させよう。

1 **買い物**をする

do the ＿＿＿＿＿＿＿＿＿＿

2 **もちろん。**

Of ＿＿＿＿＿＿＿＿＿＿.

3 **2，3**日前に

a ＿＿＿＿＿＿＿＿＿＿ days ago

4 外国出身の**人**

a ＿＿＿＿＿＿＿＿＿＿ from abroad

5 あすは何か**予定**がありますか。

Do you have any ＿＿＿＿＿＿＿＿＿＿ for tomorrow?

6 午後10時以降, 外出し**てはいけません**。

You ＿＿＿＿＿＿＿＿＿＿ ＿＿＿＿＿＿＿＿＿＿ go out after 10 p.m.

7 私の家はここから遠く**離れて**います。

My house is far ＿＿＿＿＿＿＿＿＿＿ from here.

8 マイクはまもなく車を運転する**ことができるようになる**でしょう。

Mike will **be** ＿＿＿＿＿＿＿＿＿＿ **to** drive a car soon.

9 私にはこの本を読む**十分な**時間がありません。

I don't have ＿＿＿＿＿＿＿＿＿＿ time to read this book.

10 **何か**奇妙なものを見ましたか。

Did you see ＿＿＿＿＿＿＿＿＿＿ strange?

11 それは**本当**ですか。

Is that ＿＿＿＿＿＿＿＿＿＿?

12 私たちはベス**を待っています**。

We **are** ＿＿＿＿＿＿＿＿＿＿ **for** Beth.

13 **どうしたのですか。**

What ＿＿＿＿＿＿＿＿＿＿?

377位 ▶ 408位の **単語** 単語を練習しよう。

# 377 point ポイント[pɔint]	名 点	英検 3 / CEFR A1			
# 378 science (つづり) サイエンス[sáiəns]	名 理科, 科学	英検 5 / CEFR A1			
# 379 front (発音) フラント[frʌnt]	名 前	英検 3 / CEFR A1			熟 in front of ~ (~の前で)
# 380 grandmother グランマザァ[grǽndmʌðər]	名 祖母	英検 5 / CEFR A1			
# 381 lesson レスン[lésn]	名 授業, レッスン, 教訓	英検 5 / CEFR A1			
# 382 computer コンピュータァ[kəmpjúːtər]	名 コンピューター	英検 5 / CEFR A1			
# 383 grandfather グランファーザァ[grǽndfɑːðər]	名 祖父	英検 5 / CEFR A1			
# 384 mom マーム[mɑm]	名 お母さん	英検 5 / CEFR A1			
# 385 store ストーァ[stɔːr]	名 店	英検 5 / CEFR A1			
# 386 sing スィング[siŋ]	動 を歌う	英検 5 / CEFR A1			変 sang - sung
# 387 between (発音) ビトウィーン[bitwíːn]	前 (2つ)の間に	英検 4 / CEFR A1			熟 between A and B (AとBの間に)
# 388 afternoon アフタヌーン[əftərnúːn]	名 午後	英検 5 / CEFR A1			
# 389 trip トリップ[trip]	名 旅行	英検 5 / CEFR A1			
# 390 chance チェアンス[tʃæns]	名 機会, チャンス	英検 3 / CEFR A2			
# 391 sleep スリープ[sliːp]	動 眠る	英検 5 / CEFR B1			変 slept - slept
# 392 scientist サイエンティスト[sáiəntist]	名 科学者	英検 3 / CEFR A1			

学習日　　月　　日

#	見出し語	意味	英検/CEFR			メモ
393	**company** カンパニ[kámpəni]	名 会社	4 / CEFR / A2			
394	**fun** ファン[fʌn]	名 楽しいこと / 形 楽しい, おもしろい	4 / CEFR / A1			熟 have fun（楽しむ）
395	**sell** セッ[sel]	動 を売る	4 / CEFR / A1			活 sold - sold
396	**ten** テン[ten]	名 形 10（の）	5 / CEFR / A1			
397	**both** ボウス[bouθ]	形 両方の / 代 両方	4 / CEFR / A1			熟 both A and B（AとBの両方とも）
398	**lose** ルーズ[lu:z]	動 を失う, に負ける	4 / CEFR / A2			活 lost - lost
399	**glad** グレァド[glæd]	形 うれしい	4 / CEFR / A1			
400	**mountain** マウントン[máuntn]	名 山	5 / CEFR / A1			Mt. Fuji(富士山)のように, 山の名前の前にはMt.をつけるよ。
401	**build** ビッド[bild]	動 を建てる	3 / CEFR / A1			活 built - built
402	**dream** ドリーム[dri:m]	名 夢 / 動 夢を見る	4 / CEFR / A1			
403	**reason** リーズン[rí:zn]	名 理由	3 / CEFR / A1			
404	**close** 動 クロウズ[klouz] 形 クロウス[klous]	動 を閉じる, 閉まる / 形 ごく近い	5 / CEFR / A1			
405	**earth** ア〜ス[ə:rθ]	名 地球	3 / CEFR / A2			Earthと大文字で始めることもあるよ。
406	**party** パーティ[pá:rti]	名 パーティー	5 / CEFR / A1			
407	**useful** ユースフォ[jú:sfl]	形 役に立つ	4 / CEFR / A2			比 more 〜 - most 〜
408	**fish** フィシュ[fiʃ]	名 魚 / 動 釣りをする	5 / CEFR / A1			複数形もfishで, 単数形と同じ形だよ。

最重要レベル　基本レベル　標準レベル　高得点レベル　超ハイレベル

解答・解説…別冊解答P.9
正答数…STEP① 問／25問 STEP ②問／14問

STEP 1 空らんに日本語の意味を表す英単語を書こう。

1 理科, 科学

2 祖母

3 授業, レッスン, 教訓

4 コンピューター

5 祖父

6 お母さん

7 店

8 旅行

9 機会, チャンス

10 科学者

11 会社

12 10(の)

13 山

14 夢, 夢を見る

15 理由

16 パーティー

17 魚, 釣りをする

18 ～を歌う

19 眠る

20 ～を売る

21 ～を失う, ～に負ける

CHECK 前回(345位～376位)の単語・フレーズを確認しよう!

22 私には**十分な**お金があります。

I have _____ money.

23 **2, 3**分前に

a _____ minutes ago

24 彼は泳ぐ**ことができます。**

He **is** _____ **to** swim.

25 それは**本当**です。

That's _____.

STEP 2 空らんに日本語の意味を表す英単語を書き，フレーズを完成させよう。

1 悪い**点**

a bad _____.

2 あなた**の前に**

in _____ of you

3 あなた**と**私**の間に**

_____ you **and** me

4 **午後に**

in the _____

5 **地球上に**

on the _____

6 役に立つ情報

_____ information

7 （聞いたところ）それは**楽しそうです。**

That **sounds like** _____.

8 お目にかかれて**うれしい**です。

I'm _____ to meet you.

9 だれがこの城**を建てた**のですか。

Who _____ this castle?

10 ドア**を閉め**ていただけますか。

Would you _____ the door?

11 父は英語**と**フランス語**の両方**を話します。

My father speaks _____ English **and** French.

12 私はかさ**をなくしました。**

I**'ve** _____ my umbrella.

13 もし日本を訪れる**機会**があれば，うちに泊まってください。

Stay with us if you have a _____ to visit Japan.

14 トムは先週，京都へ**旅行**に出かけました。

Tom went on a _____ to Kyoto last week.

最重要レベル　基本レベル　標準レベル　高得点レベル　超ハイレベル

409位 ▶ 440位の 単語　単語を練習しよう。

# 409	space スペイス[speis]	名 宇宙	英検 3 / CEFR A2			
# 410	swim スウィム[swim]	動 泳ぐ	英検 5 / CEFR A1			過 swam - swum ing形 swimming
# 411	table テイボゥ[téibl]	名 テーブル	英検 5 / CEFR A1			
# 412	traditional トラディショナゥ[trədíʃənəl]	形 伝統的な	英検 3 / CEFR A2			
# 413	TV ティーヴィー[tíːvíː]	名 テレビ	英検 5 / CEFR A1			televisionを省略した語だよ。
# 414	free フリー[friː]	形 自由な, ひまな	英検 4 / CEFR A1			
# 415	agree アグリー[əgríː]	動 同意する	英検 3 / CEFR A1			
# 416	tennis テニス[ténis]	名 テニス	英検 5 / CEFR A1			
# 417	while フワイゥ[hwail]	接 ～する間に	英検 3 / CEFR A2			熟 for a while （しばらくの間）
# 418	hospital ハースピトォ[háspitl]	名 病院	英検 5 / CEFR A1			
# 419	junior ヂューニャ[dʒúːnjər]	形 （年齢や地位が） 下の	英検 5 / CEFR A2			
# 420	someone サムワン[sámwʌn]	代 だれか	英検 3 / CEFR A1			
# 421	player プレイアァ[pléiər]	名 選手, プレーヤー	英検 5 / CEFR A1			
# 422	break ブレイク[breik]	動 をこわす, こわれる 名 休けい	英検 4 / CEFR A2			過 broke - broken
# 423	program プロウグレァム[próugræm]	名 番組, プログラム	英検 4 / CEFR A1			
# 424	excited イクサイティド[iksáitid]	形 興奮した	英検 4 / CEFR A1			

# 425 care ケアァ[keər]	名 注意, 世話	英検 4 CEFR A1			熟 take care of ~ (~の世話をする)
# 426 strong ストローング[strɔːŋ]	形 強い	英検 4 CEFR A1			
# 427 sit スィット[sit]	動 すわる	英検 5 CEFR A1			過 sat - sat ing形 sitting
# 428 spend スペンド[spend]	動 (お金)を使う, (時間)を過ごす	英検 3 CEFR A1			過 spent - spent
# 429 vegetable ヴェヂタボゥ[védʒətəbl]	名 野菜	英検 4 CEFR A1			
# 430 message メスィヂ[mésidʒ]	名 伝言, メッセージ	英検 4 CEFR A1			
# 431 rain レイン[rein]	動 雨が降る 名 雨	英検 5 CEFR A1			
# 432 street ストリート[striːt]	名 通り	英検 5 CEFR A1			
# 433 math メアス[mæθ]	名 数学	英検 5 CEFR A1			mathematics を縮めた形だよ。
# 434 twenty トゥウェンティ[twénti]	名 形 20 (の)	英検 5 CEFR A1			
# 435 basketball ベアスキッボーゥ[bǽskitbɔːl]	名 バスケット ボール	英検 5 CEFR A1			
# 436 forget フォゲット[fərgét] 発音	動 を忘れる	英検 4 CEFR A1			つづり 過 forgot - forgotten / forgot ing形 forgetting
# 437 travel トレァヴェゥ[trǽvəl]	動 旅行する 名 旅行	英検 4 CEFR A2			
# 438 paper ペイパァ[péipər]	名 紙	英検 4 CEFR A1			
# 439 river リヴァァ[rívər]	名 川	英検 5 CEFR A1			
# 440 news ニューズ[njuːz] 発音	名 ニュース, 知らせ	英検 4 CEFR A1			

最重要レベル

基本レベル

標準レベル

高得点レベル

超ハイレベル

解答・解説…別冊解答P.9
正答数…STEP①　問／25問　STEP②　問／13問

STEP 1　空らんに日本語の意味を表す英単語を書こう。

□1　宇宙	□2　テーブル	□3　テレビ
＿＿＿＿＿＿＿	＿＿＿＿＿＿＿	＿＿＿＿＿＿＿
□4　テニス	□5　病院	□6　番組, プログラム
＿＿＿＿＿＿＿	＿＿＿＿＿＿＿	＿＿＿＿＿＿＿
□7　野菜	□8　伝言, メッセージ	□9　通り
＿＿＿＿＿＿＿	＿＿＿＿＿＿＿	＿＿＿＿＿＿＿
□10　数学	□11　20(の)	□12　バスケットボール
＿＿＿＿＿＿＿	＿＿＿＿＿＿＿	＿＿＿＿＿＿＿
□13　紙	□14　川	□15　ニュース, 知らせ
＿＿＿＿＿＿＿	＿＿＿＿＿＿＿	＿＿＿＿＿＿＿
□16　泳ぐ	□17　雨が降る, 雨	□18　〜を忘れる
＿＿＿＿＿＿＿	＿＿＿＿＿＿＿	＿＿＿＿＿＿＿
□19　旅行する, 旅行	□20　伝統的な	□21　強い
＿＿＿＿＿＿＿	＿＿＿＿＿＿＿	＿＿＿＿＿＿＿

CHECK　前回（377位〜408位）の単語・フレーズを確認しよう！

□22　私の親の**両方**

＿＿＿＿＿＿＿＿＿ of my parents

□23　**地球**のまわりを回る

move around **the** ＿＿＿＿＿＿＿＿＿

□24　それは動物園**の前に**あります。

It is **in** ＿＿＿＿＿＿＿＿＿ **of** the zoo.

□25　**理由**は３つあります。

I have three ＿＿＿＿＿＿＿＿＿.

STEP **2** 空らんに日本語の意味を表す英単語を書き, フレーズを完成させよう。

1 中学生

a _____ high school student

2 テニス選手

a tennis _____

3 犬の世話をする

take _____ of our dog

4 すわる

_____ down

5 私はひまなときは音楽を聞きます。

I listen to music in my _____ time.

6 あなたは私の意見に賛成ですか。

Do you _____ with me?

7 私は日本にいる間に, いろいろな場所を訪ねました。

I visited a lot of places _____ I was in Japan.

8 だれかほかの人に聞いてください。

Ask _____ else.

9 弟は左足を骨折しました。

My brother _____ his left leg.

10 私たちはとてもわくわくしています。

We are so _____.

11 あなたは夏休みをどう過ごしましたか。

How did you _____ your summer vacation?

12 ぼうしをかぶり忘れてはいけません。

Don't _____ to wear a cap.

13 私は宇宙旅行をしたいです。

I want to _____ into _____.

最重要レベル

基本レベル

標準レベル

高得点レベル

超ハイレベル

441位 ▶ 472位の 単語　単語を練習しよう。

#	見出し語	品詞・意味	英検/CEFR			補足
441	**share** シェアァ[ʃeər]	動 を分け合う，を共有する	3 A2			
442	**easily** イーズィリ[íːzəli]	副 簡単に	3 A2			比 more ~ - most ~
443	**body** バーディ[bádi]	名 体	3 A1			
444	**graph** グレァフ[grǽf]	名 グラフ	2 B1			
445	**early** ア〜リィ[ə́ːrli] 発音	副 早く 形 早い	5 A2			比 earlier - earliest
446	**draw** ドロー[drɔː] 発音	動 (ペンで絵や図)を描く，(線)を引く	4 A2			過 drew - drawn
447	**area** エァリア[éəriə]	名 地域	3 A2			
448	**letter** レタァ[létər]	名 手紙	5 A1			
449	**since** スィンス[sins]	前 接 ~以来(ずっと)	3 B2			
450	**turn** ターン[təːrn] 発音	動 曲がる 名 順番	4 A1			turn up ~は，「(テレビなどのボリューム)を上げる」という意味だよ。
451	**contest** カーンテスト[kántest]	名 コンテスト	4 A1			
452	**piano** ピエアノウ[piǽnou] 発音	名 ピアノ	5 A1			
453	**fast** フェァスト[fæst]	副 速く 形 速い	5 A1			
454	**light** ライト[lait] つづり	名 光, 信号 形 明るい，軽い	5 A1			
455	**winter** ウィンタァ[wíntər]	名 冬	5 A1			
456	**baseball** ベイスボーゥ[béisbɔːl]	名 野球	5 A1			

# 457			英検 5			
bird バード[bə:rd]	名	鳥	CEFR A1			

# 458			英検 4			
welcome ウェッカム[wélkəm]	形 間	歓迎される ようこそ	CEFR B1			

# 459			英検 5			
dad デァド[dæd]	名	お父さん	CEFR A1			

# 460			英検 5			
p.m. ピーエム[pí:ém]	副	午後	CEFR A1			p.m. は数字のあとに置く。p.m. 7 とはいわないよ。

# 461			英検 5			
newspaper ニューズペイパァ[njú:zpeipər] 発音	名	新聞	CEFR A1			

# 462			英検 5			
off オーフ[ɔ:f]	副 前	離れて	CEFR A1			熟 get off 〜 （〜を降りる）

# 463			英検 5			
dance デァンス[dæns]	名 動	踊り 踊る	CEFR A1			

# 464			英検 5			
warm ウォーム[wɔ:rm] 発音	形	暖かい, 温かい	CEFR A1			

# 465 つづり			英検 3			
environment インヴァイランメント[ínváirənmənt]	名	環境	CEFR B2			

# 466			英検 5			
present プレズント[préznt]	名	贈り物, プレゼント	CEFR B1			

# 467			英検 5			
fall フォーっ[fɔ:l]	名 動	秋 落ちる	CEFR B1			変 fell - fallen

# 468 つづり			英検 3			
waste ウェイスト[weist]	名 動	むだ,廃棄物 をむだにする	CEFR B1			

# 469			英検 5			
red レド[red]	名 形	赤（い）	CEFR A1			

# 470			英検 4			
carry ケァリ[kǽri]	動	を運ぶ	CEFR A1			3単現 carries 変 carried

# 471			英検 3			
human ヒューマン[hjú:mən]	形	人間の	CEFR A2			

# 472			英検 5			
floor フローァ[flɔ:r]	名	床, 階	CEFR A1			

最重要レベル

基本レベル

標準レベル

高得点レベル

超ハイレベル

単語・フレーズチェック

STEP 1 空らんに日本語の意味を表す英単語を書こう。

1 体

_____

2 グラフ

_____

3 地域

_____

4 手紙

_____

5 コンテスト

_____

6 ピアノ

_____

7 冬

_____

8 野球

_____

9 鳥

_____

10 お父さん

_____

11 新聞

_____

12 贈り物, プレゼント

_____

13 環境

_____

14 赤(い)

_____

15 床, 階

_____

16 踊り, 踊る

_____

17 秋, 落ちる

_____

18 ～を運ぶ

_____

19 速く, 速い

_____

20 午後

_____

21 暖かい, 温かい

_____

CHECK 前回(409位～440位)の単語・フレーズを確認しよう!

22 しばらくの間

for a _____

23 1枚の**紙**

a piece of _____

24 赤ちゃん**の世話をする**

take _____ **of** the baby

25 **伝言**を残してもいいですか。

Can I leave a _____?

STEP 2 空らんに日本語の意味を表す英単語を書き，フレーズを完成させよう。

1 角を右に**曲がる**

_____ right at the corner

2 信号

traffic _____

3 帽子**をぬぐ**

take _____ my hat

4 人類

a _____ being

5 ありがとう。── **どういたしまして。**

Thank you. ── **You're** _____ .

6 私は姉と洋服**を共有しています。**

I _____ clothes **with** my sister.

7 エマは**簡単に**その問題に答えました。

Emma answered the question _____ .

8 あなたはけさ**早く**起きましたか。

Did you get up _____ this morning?

9 ケンは**線画を描くこと**が得意です。

Ken is good at _____ **pictures**.

10 私は4歳の時**から**京都に住んでいます。

I've lived in Kyoto _____ I was four.

11 時間**をむだにして**はいけません。

Don't _____ time.

12 私があなたのかばん**を運び**ましょうか。

Shall I _____ your bag?

13 私は**冬**より**秋**のほうが好きです。

I like _____ better than _____ .

473位 ▶ 504位の 単語　単語を練習しよう。

#	単語		意味	英検/CEFR			
473	**sad** セァド[sæd]	形	悲しい	4 / A1			比 sadder - saddest
474	**until** アンティゥ[əntíl]	前 接	～まで（ずっと）	4 / B1			
475	**third** サ～ド[θəːrd] 発音	名 形	3番目(の)	5 / A2			
476	**finally** ファイナリ[fáinəli]	副	最後に, ついに	3 / A2			
477	**almost** オーゥモウスト[ɔ́ːlmoust]	副	ほとんど, もう少しで	4 / A1			
478	**art** アート[ɑːrt]	名	芸術, 美術	5 / A1			
479	**test** テスト[test]	名	テスト, 試験	5 / A1			
480	**end** エンド[end]	名 動	終わり 終わる	4 / A1			
481	**pay** ペイ[pei]	動	を支払う	3 / A1			つづり 過 paid - paid
482	**building** ビゥディング[bíldiŋ] つづり	名	建物	5 / A1			
483	**clock** クラーク[klɑk]	名	(置き)時計	5 / A1			
484	**check** チェック[tʃek]	動	を調べる, を確認する	4 / A1			
485	**doctor** ダークタァ[dɑ́ktər] つづり	名	医師	5 / A1			
486	**stand** ステァンド[stænd]	動	立つ	5 / A1			過 stood - stood
487	**bed** ベド[bed]	名	ベッド	5 / A1			
488	**quickly** クウィクリ[kwíkli]	副	すばやく	3 / A1			比 more ～ - most ～

# 489			英検			
under (つづり)	前	～の下に	5			
アンダァ[ʌ́ndər]			A1			
# 490			英検			
arrive	動	到着する	4			
アライヴ[əráiv]			A1			
# 491			英検			
smartphone	名	スマートフォン	3			
スマートフォウン[smáːrtfoun]						
# 492			英検			
cold (発音)	形	寒い，冷たい	5			熟 have a cold（かぜをひいている）
コウゥド[kould]	名	かぜ	A1			
# 493			英検			
late	形	遅い，遅れた	5			熟 be late for ～（～に遅れる）
レイト[leit]	副	遅く	A1			
# 494			英検			
ever	副	今までに	3			
エヴァァ[évər]			A2			
# 495			英検			
collect	動	を集める	4			
コレクト[kəlékt]			A1			
# 496			英検			
local	形	地元の，その地域の	3			
ロウカゥ[lóukəl]			A2			
# 497			英検			
hot	形	暑い，熱い	5			(つづり) 比 hotter - hottest
ハート[hɑt]			A1			
# 498			英検			
rice	名	米，ご飯，稲	5			
ライス[rais]			A1			
# 499			英検			
borrow	動	を借りる	4			
バーロウ[bárou]			A1			
# 500			英検			
spring	名	春	5			
スプリング[spriŋ]			A1			
# 501			英検			
cake	名	ケーキ	5			
ケイク[keik]			A1			
# 502			英検			
save	動	を救う，を節約する	3			
セイヴ[seiv]			A1			
# 503			英検			
e-mail	名	(電子)メール	5			
イーメイゥ[íːmeil]			A1			
# 504			英検			
ride	動	に乗る	5			過 rode - ridden
ライド[raid]			A1			

最重要レベル　基本レベル　標準レベル　高得点レベル　超ハイレベル

STEP **1**　空らんに日本語の意味を表す英単語を書こう。

□ **1**　芸術, 美術

_____

□ **2**　テスト, 試験

_____

□ **3**　建物

_____

□ **4**　(置き)時計

_____

□ **5**　医師

_____

□ **6**　スマートフォン

_____

□ **7**　米, ご飯, 稲

_____

□ **8**　春

_____

□ **9**　ケーキ

_____

□ **10**　(電子)メール

_____

□ **11**　〜に乗る

_____

□ **12**　〜を借りる

_____

□ **13**　〜を集める

_____

□ **14**　〜を調べる

_____

□ **15**　3番目(の)

_____

□ **16**　悲しい

_____

□ **17**　寒い, 冷たい

_____

□ **18**　暑い, 熱い

_____

□ **19**　地元の, その地域の

_____

□ **20**　すばやく

_____

□ **21**　最後に, ついに

_____

CHECK　**前回(441位〜472位)の単語・フレーズを確認しよう！**

□ **22**　**午後**8時

8:00 _____

□ **23**　エネルギー**をむだにする**

_____ energy

□ **24**　**明かりを消して**ください。

Please **turn** _____ **the** _____.

STEP 2　空らんに日本語の意味を表す英単語を書き，フレーズを完成させよう。

□ **1**　7月**の終わりに**

at the ＿＿＿＿＿＿＿＿＿ of July

□ **2**　食べ物に20ドル**支払う**

＿＿＿＿＿＿＿＿＿ 20 dollars for the food

□ **3**　**立ちあがる**

＿＿＿＿＿＿＿＿＿ up

□ **4**　空港**に到着する**

＿＿＿＿＿＿＿＿＿ at the airport

□ **5**　私たちはあす**まで**ここに滞在する予定です。

We are going to stay here ＿＿＿＿＿＿＿＿＿ tomorrow.

□ **6**　エミリーは**ほとんど**毎日ピアノの練習をします。

Emily practices the piano ＿＿＿＿＿＿＿＿＿ every day.

□ **7**　ジョンは毎晩10時に**寝ます**。

John ＿＿＿＿＿＿＿＿＿ **to** ＿＿＿＿＿＿＿＿＿ at ten every night.

□ **8**　車**の下に**ねこがいます。

There is a cat ＿＿＿＿＿＿＿＿＿ the car.

□ **9**　私はけさ学校**に遅刻**しました。

I **was** ＿＿＿＿＿＿＿＿＿ **for** school this morning.

□ **10**　あなたは**今までに**アメリカへ行ったことがありますか。

Have you ＿＿＿＿＿＿＿＿＿ been to America?

□ **11**　私たちは水**を節約し**なければなりません。

We must ＿＿＿＿＿＿＿＿＿ water.

□ **12**　あなたは１度に５冊の本**を借りる**ことができます。

You can ＿＿＿＿＿＿＿＿＿ five books at a time.

□ **13**　妹は**かぜ**をひいています。

My sister has a ＿＿＿＿＿＿＿＿＿.

最重要レベル

基本レベル

標準レベル

高得点レベル

超ハイレベル

505	**meeting** ミーティング[mí:tiŋ]		名 会合, 会議	英検 4 CEFR A1			
506	**already** オールレディ[ɔ:lrédi]	つづり	副 すでに, もう	英検 4 CEFR A1			
507	**tired** タイアァド[táiərd]		形 疲れた	英検 5 CEFR A1			
508	**outside** アウトサイド[autsáid]		前 ～の外に 名 外側	英検 4 CEFR B2			
509	**door** ドーァ[dɔ:r]		名 ドア	英検 5 CEFR A1			
510	**six** スィクス[siks]		名 形 6 (の)	英検 5 CEFR A1			
511	**feeling** フィーリング[fí:liŋ]		名 気持ち, 感情	英検 3 CEFR A1			
512	**actually** エアクチュアリ[ǽktʃuəli]		副 実際には	英検 3 CEFR A2			
513	**vacation** ヴェイケイション[veikéiʃən]	発音	名 休暇	英検 4 CEFR A1			
514	**zoo** ズー[zu:]		名 動物園	英検 5 CEFR A1			
515	**busy** ビズィ[bízi]	つづり	形 忙しい	英検 4 CEFR A1			比 busier - busiest
516	**bottle** バートォ[bátl]		名 びん	英検 4 CEFR A1			
517	**abroad** アブロード[əbrɔ́:d]	つづり	副 外国に	英検 3 CEFR A2			abroadの前に, inやtoなどの前置詞はつかないよ。
518	**create** クリエイト[kriéit]		動 を創造する	英検 準2 CEFR A2			
519	**goal** ゴウゥ[goul]	発音	名 ゴール, 目標	英検 4 CEFR A1			
520	**produce** プロデュース[prədjú:s]		動 を生産する	英検 準2 CEFR A2			

# 521 **left** レフト[left]	副 左に 形 左の	英検 5 CEFR A1			leave（去る）の過去形・過去分詞と同じ形だよ。
# 522 **breakfast** ブレクファスト[brékfəst]	名 朝食	英検 5 CEFR A1			
# 523 **university** ユーニヴァ〜スィティ[ju:nəvə́:rsəti]	名 （総合）大学	英検 4 CEFR A2			
# 524 **eye** アイ[ai]	名 目	英検 5 CEFR A1			
# 525 **sick** スィク[sik]	形 病気の	英検 4 CEFR A1			
# 526 **solve** サーゥヴ[sɑlv]	動 を解く，を解決する	英検 準2 CEFR A1			
# 527 **Canada** キャナダ[kǽnədə]	名 カナダ	英検 5			
# 528 **tea** ティー[ti:]	名 紅茶，お茶	英検 5 CEFR A1			
# 529 **blue** ブルー[blu:]	名 形 青（い）	英検 5 CEFR A1			
# 530 **classroom** クレアスルーム[klǽsru:m]	名 教室	英検 5 CEFR A1			
# 531 **opinion** アピニョン[əpínjən]	名 意見	英検 3 CEFR A2			
# 532 **shirt** シャ〜ト[ʃəːrt]	名 シャツ	英検 5 CEFR A1			
# 533 **American** アメリカン[əmérikən]	形 アメリカの 名 アメリカ人	英検 3			
# 534 **thirty** サ〜ティ[θə́:rti]	名 形 30（の）	英検 5 CEFR A1			
# 535 **improve** インプルーヴ[imprú:v]	動 を改良する，を上達させる	英検 準2 CEFR A2			
# 536 **office** オーフィス[ɔ́:fis]	名 事務所	英検 5 CEFR A1			

最重要レベル

基本レベル

標準レベル

高得点レベル

超ハイレベル

単語・フレーズチェック

解答・解説…別冊解答P.11
正答数…STEP① 問／24問 STEP② 問／14問

STEP 1 空らんに日本語の意味を表す英単語を書こう。

□1 会合, 会議

_____

□2 ドア

_____

□3 動物園

_____

□4 びん

_____

□5 ゴール, 目標

_____

□6 朝食

_____

□7 (総合)大学

_____

□8 目

_____

□9 カナダ

_____

□10 紅茶, お茶

_____

□11 教室

_____

□12 意見

_____

□13 シャツ

_____

□14 30(の)

_____

□15 疲れた

_____

□16 忙しい

_____

□17 青(い)

_____

□18 6(の)

_____

□19 ～を創造する

_____

□20 ～を生産する

_____

□21 ～を改良する

_____

CHECK 前回(473位～504位)の単語・フレーズを確認しよう!

□22 今年の終わりに

at the _____ of this year

□23 3番目の角で

at the _____ corner

□24 この店は8時まで開いています。

This store is open _____ 8 o'clock.

STEP **2**　　空らんに日本語の意味を表す英単語を書き，フレーズを完成させよう。

1　家**の外に**

　　_____ the house

2　**冬休み**

　　winter _____

3　**外国に**行く

　　go _____

4　**アメリカの**文化

　　_____ culture

5　**職員室**

　　the teachers' _____

6　私の**意見**では

　　in my _____

7　私たちは**すでに**昼食を食べました。

　　We've _____ had lunch.

8　**実は**私はイングランドへ行ったことがありません。

　　_____ I've never been to England.

9　あなたの**気持ち**はわかります。

　　I know your _____.

10　角を**左に**曲がってください。

　　Turn _____ at the corner.

11　私はこの問題**が解け**ません。

　　I cannot _____ this problem.

12　母はきのう**病気で**寝ていました。

　　My mother was _____ in bed yesterday.

13　どうやって英語**を上達させる**ことができますか。

　　How can I _____ my English?

14　**両目**を閉じてください。

　　Close your _____.

537位 ▶ 568位の 単語　単語を練習しよう。

＃	単語		意味	英検/CEFR			
537	**support** サポート[səpó:rt]	動 名	を支援する, を支持する 支援	2 A2			
538	**continue** コンティニュー[kəntínju:]	動	を続ける	3 A2			
539	**protect** プロテクト[prətékt]	動	を保護する	3 B1			
540	**guitar** ギターァ[gitá:r] 発音	名	ギター	5 A1			
541	**concert** カーンサ〜ト[kánsə:rt]	名	コンサート	5 A1			
542	**piece** ピース[pi:s]	名	1つ, かけら	3 A1			a piece of 〜は, 数えられない名詞を数えるときに使うんだね。
543	**subject** サブヂェクト[sábdʒekt]	名	教科, （メールなどの）件名	4 A1			
544	**project** プラーヂェクト[prádʒekt]	名	計画	4 B2			
545	**die** ダイ[dai] 発音	動	死ぬ	3 A2			ing形 dying
546	**worker** ワ〜カァ[wə́:rkər]	名	働く人	3 A1			
547	**weather** つづり ウェザァ[wéðər]	名	天気	5 A1			
548	**village** つづり ヴィリヂ[vílidʒ]	名	村	4 A2			
549	**drive** ドライヴ[draiv]	動	を運転する, 車で行く	4 A1			動 drove - driven
550	**white** フワイト[hwait]	名 形	白(い)	5 A1			
551	**card** カード[ka:rd]	名	カード, はがき	4 A1			play cardsは「トランプをする」という意味になるよ。
552	**machine** つづり マシーン[məʃí:n]	名	機械	3 A1			

## 18

学習日　　　月　　　日

# 553			英検			
cat	名 ねこ		5			
ケァト[kæt]			CEFR			
			A1			
# 554 　つづり			英検			
season	名 季節		4			
スィーズン[síːzn]			CEFR			
			B1			
# 555			英検			
everything	代 あらゆること		4			everythingが主語のときは,3人称単数扱いにする。
エヴリスィング[évriθiŋ]			CEFR			
			A1			
# 556			英検			
realize	動 をさとる,に気づく,を実現する		準2			
リーアライズ[ríːəlaiz]			CEFR			
			A2			
# 557			英検			
beach	名 浜辺		4			
ビーチ[biːtʃ]			CEFR			
			A1			
# 558			英検			
catch	動 をつかまえる		4			過 caught - caught
ケァチ[kætʃ]			CEFR			
			A1			
# 559 　つづり			英検			
health	名 健康		準2			
ヘゥス[helθ]			CEFR			
			A1			
# 560			英検			
ice	名 氷		5			iceは数えられない名詞。anをつけないし,複数形もないよ。
アイス[ais]			CEFR			
			A1			
# 561 　つづり			英検			
Friday	名 金曜日		5			
フライデイ[fráidei]			CEFR			
			A1			
# 562			英検			
performance	名 演技, 演奏		3			
パフォーマンス[pərfɔ́ːrməns]			CEFR			
			A2			
# 563			英検			
maybe	副 もしかしたら（〜かもしれない）		5			
メイビ[méibi]			CEFR			
			A1			
# 564			英検			
necessary	形 必要な		3			比 more 〜 - most 〜
ネセセリ[nésəseri]			CEFR			
			A2			
# 565			英検			
face	名 顔		5			
フェイス[feis]			CEFR			
			A1			
# 566			英検			
garden	名 庭園		5			
ガードン[gáːrdn]			CEFR			
			A1			
# 567			英検			
desk	名 机		5			
デスク[desk]			CEFR			
			A1			
# 568 　つづり			英検			
August	名 8月		5			
オーガスト[ɔ́ːɡəst]			CEFR			
			A1			

最重要レベル

基本レベル

標準レベル

高得点レベル

超ハイレベル

解答・解説…別冊解答P.11
正答数…STEP①　問／24問　STEP②　問／14問

STEP 1　空らんに日本語の意味を表す英単語を書こう。

1　ギター

_____

2　コンサート

_____

3　教科, 件名

_____

4　計画

_____

5　働く人

_____

6　天気

_____

7　村

_____

8　カード, はがき

_____

9　機械

_____

10　ねこ

_____

11　季節

_____

12　氷

_____

13　金曜日

_____

14　演技, 演奏

_____

15　庭園

_____

16　机

_____

17　あらゆること

_____

18　白(い)

_____

19　～を続ける

_____

20　死ぬ

_____

21　～を運転する, 車で行く

_____

CHECK　前回(505位〜536位)の単語・フレーズを確認しよう!

22　**留学する**

study _____

23　**ペットボトル**

a plastic _____

24　私は**すでに**宿題を終えました。

I have _____ finished my homework.

STEP **2**　空らんに日本語の意味を表す英単語を書き，フレーズを完成させよう。

□**1**　**1つの情報**

　　a _____ of information

□**2**　**浜辺**に行く

　　go to the _____

□**3**　あなたの**健康**によい

　　good for your _____

□**4**　**8月**に

　　in _____

□**5**　**顔**を洗う

　　wash my _____

□**6**　**かぜをひく**

　　_____ a cold

□**7**　環境**を保護し**ましょう。

　　Let's _____ the environment.

□**8**　私はあなた**を支持し**ます。

　　I will _____ you.

□**9**　雨は一晩中降り**続けました**。

　　It _____ to rain all night.

□**10**　**もしかしたら**その話は本当**かもしれません**。

　　_____ the story is true.

□**11**　私はひとりではないと**気づきました**。

　　I _____ that I was not alone.

□**12**　私たちは水を節約することが**必要**です。

　　It is _____ for us to save water.

□**13**　ロンドンの**天気**はどうですか。

　　How's the _____ in London?

□**14**　**すべて**大丈夫です。

　　_____ is OK.

569位 ▶ 600位の 単語　単語を練習しよう。

# 569 つづり			英検		
once ワンス[wʌns]	副	1回, かつて	4 CEFR A1		
# 570 **report** リポート[ripɔ́:rt]	名	報告, レポート	英検 4 CEFR A2		
# 571 **follow** ファーロウ[fálou]	動	について行く, に従う	英検 3 CEFR A2		
# 572 **dish** ディシュ[diʃ]	名	皿, 料理	英検 4 CEFR A1		
# 573 **host** ホウスト[houst]	名	主人	英検 4 CEFR A2		
# 574 **customer** カスタマァ[kʌ́stəmər]	名	(店などの)客, 顧客	英検 4 CEFR A2		
# 575 つづり **sign** サイン[sain]	名	標識, 看板, 記号	英検 3 CEFR A1		signのgは発音しないよ。
# 576 **short** ショート[ʃɔ:rt]	形	短い, (背が)低い	英検 5 CEFR A1		
# 577 **ball** ボーゥ[bɔ:l]	名	ボール	英検 5 CEFR A1		
# 578 **product** プラーダクト[prádəkt]	名	製品	英検 準2 CEFR A2		
# 579 **research** リーサ〜チ[rí:sə:rtʃ]	名	調査, 研究	英検 準2 CEFR A2		
# 580 つづり **shoe** シュー[ʃu:]	名	くつ	英検 5 CEFR A1		2つで1足なので, ふつう複数形にするよ。
# 581 **throw** スロウ[θrou]	動	を投げる	英検 3 CEFR A1		throw - threw - thrown
# 582 **website** ウェブサイト[wébsait]	名	ウェブサイト	英検 3 CEFR A2		
# 583 **pass** ペァス[pæs]	動	を手渡す, (時が)たつ	英検 3 CEFR A2		
# 584 **snow** スノウ[snou]	名 動	雪 雪が降る	英検 5 CEFR A1		

## 19

学習日　　　月　　　日

#	語	意味	英検/CEFR			メモ
585	**map** メァプ[mæp]	名 地図	英検 4 / CEFR A1			
586	**technology** テクナーラヂ[teknálədʒi]	名 科学技術	英検 3 / CEFR A1			
587	**box** バークス[bɑks]	名 箱	英検 5 / CEFR A1			
588	**mistake** ミステイク[mistéik]	名 誤り／動 を誤解する	英検 3 / CEFR A2			過 mistook - mistaken
589	**phone** フォウン[foun]	名 電話	英検 5 / CEFR A1			telephoneを省略した語。話し言葉でとてもよく使われるよ。
590	**black** ブレァク[blæk]	名 形 黒(い)	英検 5 / CEFR A1			
591	**evening** イーヴニング[íːvniŋ]	名 夕方	英検 5 / CEFR A1			
592	**exciting** イクサイティング[iksáitiŋ]	形 わくわくさせる	英検 4 / CEFR A1			比 more ~ - most ~
593	**design** ディザイン[dizáin]	名 デザイン／動 を設計する	英検 3 / CEFR A1			
594	**tall** トーゥ[tɔːl]	形 (背が)高い	英検 5 / CEFR A1			
595	**a.m.** エイエム[éiém]	副 午前	英検 5 / CEFR A1			
596	**yen** イエン[jen]	名 円 (日本の通貨単位)	英検 5			yenにsはつかないよ。
597	**lake** レイク[leik]	名 湖	英検 4 / CEFR A2			
598	**power** パウアァ[páuər]	名 力	英検 3 / CEFR A2			
599	**field** フィーゥド[fiːld]	名 畑, 野原	英検 3 / CEFR A1			
600	**laugh** レァフ[læf]	動 (声を出して)笑う	英検 3 / CEFR B1			熟 laugh at ~ (~を見て[聞いて]笑う, ~をばかにして笑う)

最重要レベル／基本レベル／標準レベル／高得点レベル／超ハイレベル

STEP 1　空らんに日本語の意味を表す英単語を書こう。

□1　皿, 料理

_____

□2　主人

_____

□3　(店などの)客, 顧客

_____

□4　標識, 看板, 記号

_____

□5　ボール

_____

□6　製品

_____

□7　ウェブサイト

_____

□8　地図

_____

□9　科学技術

_____

□10　箱

_____

□11　電話

_____

□12　円(日本の通貨単位)

_____

□13　湖

_____

□14　力

_____

□15　畑, 野原

_____

□16　報告, レポート

_____

□17　調査, 研究

_____

□18　～を投げる

_____

□19　短い, (背が)低い

_____

□20　(背が)高い

_____

□21　黒(い)

_____

CHECK　前回(537位〜568位)の単語・フレーズを確認しよう!

□22　学生にとって経験から学ぶことは**必要**です。

It is _____ for students to learn by experience.

□23　あなたは何の**教科**がいちばん好きですか。

What _____ do you like the best?

STEP 2 　空らんに日本語の意味を表す英単語を書き, フレーズを完成させよう。

□1 　１か月に**１回**

　　＿＿＿＿＿＿＿＿＿ a month

□2 　**くつ**をぬぐ

　　take off your ＿＿＿＿＿＿＿＿＿

□3 　**間違える**

　　make a ＿＿＿＿＿＿＿＿＿

□4 　**夕方**に

　　in the ＿＿＿＿＿＿＿＿＿

□5 　**午前**８時に

　　at 8:00 ＿＿＿＿＿＿＿＿＿

□6 　**電話**に出る

　　answer the ＿＿＿＿＿＿＿＿＿

□7 　私たちは規則**に従わ**なければなりません。

　　We must ＿＿＿＿＿＿＿＿＿ the rules.

□8 　これはだれの**デザイン**ですか。

　　Whose ＿＿＿＿＿＿＿＿＿ is this?

□9 　塩**を取っ**てくれませんか。

　　Could you ＿＿＿＿＿＿＿＿＿ me the salt?

□10 あなたの国では**雪**がたくさん降りますか。

　　Do you have a lot of ＿＿＿＿＿＿＿＿＿ in your country?

□11 その試合はとても**わくわくさせる**ものでした。

　　The game was really ＿＿＿＿＿＿＿＿＿.

□12 彼らは私**をばかにして**笑いました。

　　They ＿＿＿＿＿＿＿＿＿ **at** me.

□13 通りにごみ**を捨て**てはいけません。

　　Don't ＿＿＿＿＿＿＿＿＿ **away** trash on the street.

□14 私は毎日夕食後に**食器を洗い**ます。

　　I **wash the** ＿＿＿＿＿＿＿＿＿ after dinner every day.

最重要レベル

基本レベル

標準レベル

高得点レベル

超ハイレベル

601位 ▶ 632位の単語 単語を練習しよう。

# 601		英検			
temple 名 寺		3			
テンポゥ[témpl]		CEFR A1			
# 602		英検			
age 名 年齢		4			熟 at the age of 〜（〜歳のときに）
エイヂ[eidʒ]		CEFR A1			
# 603		英検			
born 形 （be bornで）生まれる		3			
ボーン[bɔːrn]		CEFR A2			
# 604		英検			
ticket 名 切符, チケット		5			
ティキト[tíkit]		CEFR A1			
# 605		英検			
center 名 中心, センター		4			
センタァ[séntər]		CEFR A2			
# 606		英検			
China 名 中国		4			
チャイナ[tʃáinə]					
# 607		英検			
excuse 動 を許す		5			
イクスキューズ[ikskjúːz]		CEFR A1			
# 608		英検			
reduce 動 を減らす		準2			
リデュース[ridʃúːs]		CEFR B1			
# 609		英検			
tourist 名 観光客		3			
トゥリスト[túərist]		CEFR A2			
# 610		英検			
farmer 名 農場経営者, 農家の人		4			
ファーマァ[fáːrmər]		CEFR A1			
# 611 つづり		英検			
hundred 名 形 100(の)		5			hundreds of 〜以外では, hundredは複数形にしないよ。
ハンドレド[hʌ́ndred]		CEFR A2			
# 612 つづり		英検			
tour 名 旅行		4			
トゥアァ[tuər]		CEFR A2			
# 613		英検			
delicious 形 とてもおいしい		4			
ディリシャス[dilíʃəs] 発音		CEFR A1			
# 614		英検			
green 名 形 緑色(の)		5			
グリーン[griːn]		CEFR A1			
# 615		英検			
seven 名 形 7(の)		5			
セヴン[sévən]		CEFR A1			
# 616 つづり		英検			
nervous 形 緊張している		3			
ナ〜ヴァス[náːrvəs]		CEFR A2			

# 617			英検 3			
safe セイフ[seif]	形	安全な	CEFR A2			

# 618 （つづり）			英検 4			
air エアァ[eər]	名	空気	CEFR A2			

# 619			英検 4			
angry エアングリ[ǽngri]	形	怒った	CEFR A1			

# 620 （つづり）			英検 5			
Monday マンデイ[mʌ́ndei]	名	月曜日	CEFR A1			

# 621 （つづり）			英検 4			
sun サン[sʌn]	名	太陽	CEFR A1			

# 622			英検 3			
nature ネイチャァ[néitʃər]	名	自然	CEFR A2			

# 623 （つづり）			英検 5			
fruit フルート[fru:t]	名	果物	CEFR A1			

# 624			英検 3			
system スィステム[sístəm]	名	組織, 制度	CEFR A2			

# 625			英検 3			
voice ヴォイス[vɔis]	名	声	CEFR A2			

# 626			英検 5			
coffee コーフィ[kɔ́:fi]	名	コーヒー	CEFR A1			

# 627			英検 3			be afraid of ～ （～をこわがる）
afraid アフレイド[əfréid]	形	こわがって	CEFR A1			

# 628			英検 4			
stadium ステイディアム[stéidiəm] （発音）	名	スタジアム, 競技場	CEFR A2			

# 629			英検 5			
camera キャメラ[kǽmərə]	名	カメラ	CEFR A1			

# 630 （つづり）			英検 5			
eight エイト[eit]	名 形	8 (の)	CEFR A1			

# 631			英検 3			aloneは「～だけ」の意味で, 2人以上のときに使うこともあるよ。
alone アロウン[əlóun]	副	ひとりで	CEFR A2			

# 632			英検 準2			
elementary エレメンタリ[eləméntəri]	形	初級の	CEFR A1			

最重要レベル

基本レベル

標準レベル

高得点レベル

超ハイレベル

単語・フレーズチェック

解答・解説…別冊解答P.12
正答数…STEP①　問／24問　STEP②　問／14問

STEP 1　空らんに日本語の意味を表す英単語を書こう。

1　寺
_____

2　切符, チケット
_____

3　中心, センター
_____

4　中国
_____

5　観光客
_____

6　農場経営者, 農家の人
_____

7　旅行
_____

8　空気
_____

9　果物
_____

10　組織, 制度
_____

11　コーヒー
_____

12　スタジアム, 競技場
_____

13　カメラ
_____

14　7 (の)
_____

15　8 (の)
_____

16　100 (の)
_____

17　緑色 (の)
_____

18　とてもおいしい
_____

19　緊張している
_____

20　安全な
_____

21　～を減らす
_____

CHECK　前回 (569位～600位) の単語・フレーズを確認しよう!

22　**くつ1足**

a pair of _____

23　**短期間で**

in a _____ time

24　**間違えること**を恐れる必要はありません。

You don't have to be afraid of **making** _____.

STEP 2 空らんに日本語の意味を表す英単語を書き，フレーズを完成させよう。

☐1 10**歳**で

at the _____ of ten

☐2 **すみません。**

_____ **me**.

☐3 **月曜日**から金曜日まで

from _____ to Friday

☐4 大**声**で

in a loud _____

☐5 **小学校**

an _____ **school**

☐6 その町**の中心で**

at the _____ **of** the town

☐7 私はアメリカ合衆国で**生まれました。**

I **was** _____ in the U.S.

☐8 トムは私に**怒って**いました。

Tom was _____ at me.

☐9 地球は**太陽**のまわりを回っています。

The earth goes around **the** _____.

☐10 私たちは**自然**を保護しなくてはなりません。

We must protect _____.

☐11 弟は犬を**こわがって**います。

My brother is _____ of dogs.

☐12 祖母は**ひとりで**暮らしています。

My grandmother lives _____.

☐13 **緊張し**ないで。

Don't be _____.

☐14 **何百人もの**人々がその会合に参加する予定です。

_____ **of** people will join the meeting.

最重要レベル

基本レベル

標準レベル

高得点レベル

超ハイレベル

633位 ▶ 640位の 単語　単語を練習しよう。

# 633 **line** ライン[lain]	名 線, 電車の路線	英検 4 CEFR A1			
# 634 **low** ロウ[lou]	形 低い	英検 5 CEFR A2			
# 635 **mind** マインド[maind]	名 心, 精神 動 をいやがる	英検 3 CEFR A1			
# 636 **nine** ナイン[nain]	名 形 9 (の)	英検 5 CEFR A1			
# 637 **video** ヴィディオウ[vídiou]	名 動画	英検 3 CEFR A1			
# 638 **wrong** つづり ローング[rɔːŋ]	形 間違った, 悪い	英検 4 CEFR A1			
# 639 **among** アマング[əmʌ́ŋ]	前 (3つ以上) の間に	英検 5 CEFR A2			
# 640 **expensive** 発音 イクスペンスィヴ[ikspénsiv]	形 高価な	英検 4 CEFR A1			比 more 〜 - most 〜

633位 ▶ **640**位　単語・フレーズチェック

解答・解説…別冊解答P.13
正答数…STEP①　問／11問　STEP②　問／5問

STEP 1　空らんに日本語の意味を表す英単語を書こう。

□1　線, 電車の路線

_____

□2　動画

_____

□3　9（の）

_____

□4　低い

_____

□5　間違った, 悪い

_____

□6　高価な

_____

CHECK　前回（601位〜632位）の単語・フレーズを確認しよう！

□7　私を**ひとり**にしておく

leave me _____

□8　私は東京で**生まれました。**

I **was** _____ in Tokyo.

□9　5**歳で**

at the _____ **of** five

□10　500円

five _____ yen

□11　**残念ながら**あすは参加できません。

I'm _____ I can't join tomorrow.

STEP 2　空らんに日本語の意味を表す英単語を書き, フレーズを完成させよう。

□1　**グリーンライン**に乗る

take **the Green** _____

□2　**テレビゲーム**をする

play _____ **games**

□3　どうしたのですか。

What's _____?

□4　この歌手は若者**の間で**人気があります。

This singer is popular _____ young people.

□5　あなたは**決心しました**か。

Have you **made up your** _____?

❶ 次の英文の(　　)内から適する語(句)を選び，記号を○で囲みましょう。　[2点×4]

① John finished (**ア** write　**イ** to write　**ウ** writing　**エ** wrote) the report an hour ago.

② Kyoto is famous (**ア** to　**イ** for　**ウ** at　**エ** with) temples.

③ This song is (**ア** sing　**イ** sang　**ウ** sung　**エ** singing) all over the world.

④ Please (**ア** do　**イ** make　**ウ** give　**エ** take) care of our dog.

❷ 次の英文の(　　)内の語を適する形に書きかえましょう。　[3点×3]

① Our school was (build) fifty years ago.　　　　　　　　　_____

② The sports day will be (hold) in October this year.　　　_____

③ Are you (plan) to go abroad next summer?　　　　　　_____

❸ 次の日本文に合う英文になるように，____に適する語を書きましょう。　[5点×3]

① 私は広島で生まれました。

I was _____ in Hiroshima.

② 先月，兄はピアノコンクールで優勝しました。

Last month, my brother _____ first prize in the piano contest.

③ ここで食べてはいけません。

You _____ _____ eat here.

❹ 次の英文を(　　)内の指示にしたがって書きかえましょう。　[6点×2]

① This question is (easy). （最後に than that one をつけて比べる文に）

_____

② My brother broke my smartphone. （下線部を主語にして受け身の文に）

_____

5 次の対話文が完成するように，（　　）に入る語を右から選び，必要があれば適する形に変えて書きましょう。ただし，同じ語は1度しか使えません。　　［4点×6］

Ted : Is this zoo the （　①　） in this area?

Mao : Yes.　There are about 100 kinds of animals here.　I love this place.

Ted : Do you come here often?

Mao :（　②　）a month.　Every time, I draw pictures of different animals.

Ted : Oh, I see.　The other day, I saw a picture of a black bird （　③　） by you.　That's the most beautiful picture I've （　④　） seen.

Mao : I'm （　⑤　） to hear that.　Actually, it's my （　⑥　） picture.

| draw |
| ever |
| favorite |
| glad |
| large |
| once |

①＿＿＿＿＿＿　　②＿＿＿＿＿＿　　③＿＿＿＿＿＿

④＿＿＿＿＿＿　　⑤＿＿＿＿＿＿　　⑥＿＿＿＿＿＿

6 次の会話が成り立つように，（　　）内の語を並べかえましょう。　　［6点×3］

① A: What were (you / while / doing / I / out / was)?

B: I was doing my homework.

What were ＿＿＿＿＿＿＿＿＿＿＿＿＿＿＿ ?

② A: Can I (stay / rain / here / the / until / stops)?

B: Of course you can.

Can I ＿＿＿＿＿＿＿＿＿＿＿＿＿＿＿ ?

③ A: How long (sick / you / been / in / bed / have)?

B: Since last Friday.

How long ＿＿＿＿＿＿＿＿＿＿＿＿＿＿＿ ?

7 次の日本文を英語に直しましょう。　　［7点×2］

① 私たちは冬休み中にオーストラリアを訪れました。

＿＿＿＿＿＿＿＿＿＿＿＿＿＿＿＿＿＿＿＿＿＿＿＿

② 私の夢は科学者になることです。

＿＿＿＿＿＿＿＿＿＿＿＿＿＿＿＿＿＿＿＿＿＿＿＿

まとめてチェック まとめて単語を練習しよう。

時・時間帯を表す語

morning モーニング[mɔ́ːrniŋ]	名 朝, 午前	英検 5 CEFR A1			
noon ヌーン[nuːn]	名 正午	英検 5 CEFR A2			
afternoon アフタヌーン[æftərnúːn]	名 午後	英検 5 CEFR A1			
evening イーヴニング[íːvniŋ]	名 夕方	英検 5 CEFR A1			
night ナイト[nait]	名 夜	英検 5 CEFR A1			
midnight ミドナイト[mídnait]	名 夜の12時	英検 3 CEFR A2			
day デイ[dei]	名 日	英検 5 CEFR A1			
week ウィーク[wiːk]	名 週	英検 5 CEFR A1			
month マンス[mʌnθ]	名 月	英検 5 CEFR A1			
year イアァ[jiər]	名 年	英検 5 CEFR A1			
today トゥデイ[tədéi]	副 名 きょう(は)	英検 5 CEFR A1			
yesterday イェスタデイ[jéstərdei]	副 名 きのう(は)	英検 4 CEFR A1			
tomorrow トゥモーロウ[təmɔ́ːrou]	副 名 あす(は)	英検 5 CEFR A1			

頻度を表す副詞

always オーウウェイズ[ɔ́ːlweiz]	副 いつも	英検 5 CEFR A1			
usually ユージュアリ[júːʒuəli]	副 ふつうは	英検 5 CEFR A1			
often オーフン[ɔ́ːfn]	副 よく, しばしば	英検 5 CEFR A1			
sometimes サムタイムズ[sʌ́mtaimz]	副 ときどき	英検 5 CEFR B1			

I'll keep on going.
(僕は進み続けるよ。)

高校入試ランク | **641**位 ▶ **1000**位

標準レベル

この章で学習するのは，高校入試対策としておさえ
ておきたい標準レベルの単語です。
すべての受験生が，最低でもこの章の単語まではマ
スターしておく必要があります。

641位 ▶ 672位の 単語　単語を練習しよう。

# 641 **yet**　イェト[jet]	副 (疑問文で) もう (否定文で) まだ	英検 4 / CEFR A1			疑問文と否定文で意味が違うよ。気をつけよう。
# 642 **online**　アーンライン[ɑːnláin]	形 オンラインの 副 オンラインで	英検 準2 / CEFR A2			
# 643 **forest**　フォーリスト[fɔ́ːrist]	名 森	英検 3 / CEFR A2			
# 644 **rule**　ルーッ[ruːl]	名 規則 動 を支配する	英検 3 / CEFR A1			
# 645 **though** 発音　ゾウ[ðou]	接 ～だけれども	英検 3 / CEFR B2			熟 even though ～ (～ではあるが, たとえ～だとしても)
# 646 **especially**　イスペシャリ[ispéʃəli]	副 特に	英検 2 / CEFR A2			
# 647 **skill**　スキゥ[skil]	名 技能	英検 2 / CEFR A1			
# 648 **dangerous**　デインヂャラス[déindʒərəs]	形 危険な	英検 3 / CEFR A2			比 more ～ - most ～
# 649 **son**　サン[sʌn]	名 息子	英検 4 / CEFR A1			
# 650 **increase** つづり　イングリース[inkríːs]	動 増える, を増やす	英検 準2 / CEFR B1			
# 651 **introduce**　イントロデュース[intrədjúːs]	動 を紹介する, を導入する	英検 3 / CEFR A1			熟 introduce A to B (AをBに紹介する)
# 652 **communicate**　コミューニケイト[kəmjúːnəkeit]	動 意思を伝え合う, 通信する	英検 準2 / CEFR A2			
# 653 **situation**　スィチュエイション[sitʃuéiʃən]	名 状況, 事態	英検 2 / CEFR A2			
# 654 **AI**　エイアイ[éiái]	名 人工知能	英検 3			
# 655 **presentation**　プレゼンテイション[prezəntéiʃən]	名 発表	英検 準2 / CEFR B1			
# 656 **side**　サイド[said]	名 側面	英検 3 / CEFR A1			

学習日　　月　　日

#	見出し語	品詞・意味	英検/CEFR			補足
657	**ready** レディ[rédi]	形 準備ができた	英検 5 CEFR A1			熟 **be ready to ～** （～する準備ができている）
658	**visitor** ヴィズィタァ[vízitər]	名 訪問者，観光客	英検 3 CEFR A2			
659	**type** タイプ[taip]	名 型，タイプ 動 （キーボードを）打つ	英検 3 CEFR A1			
660	**fly** フライ[flai]	動 飛ぶ，飛行機で行く	英検 5 CEFR A1			過 flew - flown 3単現 flies
661	**difference** ディファレンス[dífərəns]	名 違い	英検 3 CEFR A1			
662	**robot** ロウバト[róubɑt] 発音	名 ロボット	英検 3 CEFR B1			
663	**several** セヴラゥ[sévərəl]	形 いくつかの	英検 3 CEFR A2			
664	**energy** エナヂ[énərdʒi] 発音	名 エネルギー	英検 準2 CEFR B2			
665	**July** つづり デュライ[dʒulái]	名 7月	英検 5 CEFR A1			
666	**wash** ワーシュ[wɑʃ]	動 を洗う	英検 5 CEFR A1			3単現 washes
667	**milk** ミゥク[milk]	名 牛乳	英検 5 CEFR A1			
668	**develop** ディヴェラプ[divéləp]	動 を発達させる，発展する	英検 準2 CEFR A2			
669	**sweet** スウィート[swi:t]	形 あまい	英検 3 CEFR A1			
670	**along** アローング[əlɔ́:ŋ]	前 ～に沿って	英検 5 CEFR A1			熟 **get along with ～** （～とうまくやっていく）
671	**poster** ポウスタァ[póustər]	名 ポスター	英検 4 CEFR A1			
672	**order** オーダァ[ɔ́:rdər]	名 注文 動 を注文する	英検 4 CEFR A1			熟 **in order to ～** （～するために）

最重要レベル　基本レベル　標準レベル　高得点レベル　超ハイレベル

STEP 1　空らんに日本語の意味を表す英単語を書こう。

□1　森

_____

□2　規則, ～を支配する

_____

□3　技能

_____

□4　息子

_____

□5　状況, 事態

_____

□6　人工知能

_____

□7　発表

_____

□8　側面

_____

□9　訪問者, 観光客

_____

□10　型, タイプ

_____

□11　ロボット

_____

□12　エネルギー

_____

□13　牛乳

_____

□14　ポスター

_____

□15　増える, ～を増やす

_____

□16　意思を伝え合う

_____

□17　～を紹介する

_____

□18　飛ぶ, 飛行機で行く

_____

□19　あまい

_____

□20　危険な

_____

□21　特に

_____

CHECK　前回(633位〜640位)の単語・フレーズを確認しよう!

□22　あなたの**心**の中では

in your _____

□23　**低**価格で

at a _____ price

□24　どうしたのですか。

What's _____?

STEP **2**　空らんに日本語の意味を表す英単語を書き，フレーズを完成させよう。

最重要レベル

□**1**　**違い**が生まれる

make a _____

□**2**　**数**日前に

_____ days ago

□**3**　**7月**に

in _____

□**4**　**顔を洗う**

_____ my face

基本レベル

□**5**　**右側に**

on the right _____

□**6**　すばやく（**キーボード）を打つ**

_____ quickly

□**7**　私たちは**まだ**昼食を食べていません。

We haven't had lunch _____.

□**8**　あなたはふだん**オンライン**ショッピングをしますか。

Do you usually do _____ shopping?

標準レベル

□**9**　父は忙しい**けれども**，私の宿題を手伝ってくれます。

My father helps me with my homework _____ he is busy.

□**10**　**ご注文の準備はよろしい**ですか。

Are you _____ **to** _____?

□**11**　その都市はこの10年で急速に**発展しました**。

The city _____ very fast in these ten years.

高得点レベル

□**12**　この通り**に沿って**歩き，2番目の角を右折してください。

Walk _____ this street, and turn right at the second corner.

□**13**　私は2週間前に，**飛行機**で沖縄に**行きました**。

I _____ to Okinawa two weeks ago.

□**14**　**自己紹介をし**てもらえますか。

Can you _____ **yourself**?

超ハイレベル

673位 ▶ 704位の 単語　単語を練習しよう。

# 673 pick ピク[pik]	動 をつむ, を選ぶ	英検 4 CEFR B1			熟 pick up 〜 （〜を拾い上げる,(人)を(車で)迎えに行く）
# 674 road ロウド[roud] 発音	名 道路	英検 4 CEFR A2			
# 675 window ウィンドウ[wíndou]	名 窓	英検 5 CEFR A1			
# 676 camp キャンプ[kæmp]	名 キャンプ 動 キャンプをする	英検 5 CEFR A1			
# 677 recycle リーサイクゥ[ri:sáikl]	動 をリサイクルする	英検 3 CEFR A2			「リサイクルすること」はrecyclingというよ。
# 678 leader リーダァ[lí:dər]	名 指導者, リーダー	英検 3 CEFR A1			
# 679 myself マイセゥフ[maisélf]	代 私自身	英検 3 CEFR A2			熟 say to myself （心の中で思う）
# 680 uncle アンコゥ[ʌ́ŋkl] つづり	名 おじ	英検 5 CEFR A1			
# 681 else エゥス[els]	副 そのほかに	英検 3 CEFR A1			
# 682 fact フェアクト[fækt]	名 事実	英検 3 CEFR A2			熟 in fact （実は, 実のところ）
# 683 half ヘァフ[hæf] つづり	名 半分 形 半分の	英検 4 CEFR B1			発音 複 halves
# 684 fine ファイン[fain]	形 けっこうな, 元気な	英検 5 CEFR A1			
# 685 cut カト[kʌt]	動 を切る	英検 5 CEFR B1			過 cut - cut ing形 cutting
# 686 communication コミューニケイション[kəmju:nəkéiʃən]	名 コミュニケーション	英検 3 CEFR A2			-tionで終わる語はその前の母音にアクセントがあるんだよ。
# 687 memory メモリ[méməri]	名 記憶, 思い出	英検 3 CEFR A1			複 memories
# 688 imagine イメァヂン[imædʒin]	動 を想像する	英検 2 CEFR A1			

#	見出し語	意味	英検/CEFR			メモ
689	**tomato** トメイトウ[təméitou] 発音	名 トマト	英検 5 / CEFR A1			
690	**carefully** ケアフリ[kéərfli]	副 注意深く	英検 3 / CEFR A1			比 more ~ - most ~
691	**apple** エアポウ[ǽpl]	名 りんご	英検 5 / CEFR A1			
692	**March** マーチ[mɑːrtʃ] つづり	名 3月	英検 5 / CEFR A1			小文字で始まるmarchは動詞で「行進する」という意味だよ。
693	**nothing** ナスィング[nʌ́θiŋ] 発音	代 何も~ない	英検 3 / CEFR A1			notがなくても否定の意味になるよ。
694	**race** レイス[reis]	名 競走, 人種	英検 3 / CEFR B1			
695	**shall** シェアッ[ʃæl]	助 (Shall I ~? / Shall we ~? で) ~しましょうか。	英検 4 / CEFR A2			
696	**electricity** イレクトリスィティ[ilektrísəti]	名 電気	英検 2 / CEFR B1			
697	**amazing** アメイズィング[əméiziŋ]	形 驚くべき, すばらしい	英検 3 / CEFR B1			
698	**influence** インフルエンス[ínfluəns]	名 影響 動 に影響を与える	英検 準2 / CEFR A2			
699	**hall** ホーゥ[hɔːl]	名 会館, ホール	英検 4 / CEFR A1			
700	**inside** インサイド[insáid]	前 ~の中に 名 内側	英検 4 / CEFR B2			
701	**kid** キド[kid]	名 子ども (childのくだけた言い方) 動 からかう	英検 3 / CEFR A1			
702	**according** アコーディング[əkɔ́ːrdiŋ]	副 (according toで) ~によれば	英検 準2 / CEFR B1			
703	**less** レス[les]	形 より少ない	英検 3 / CEFR A2			lessはlittleの比較級。最上級はleastだよ。
704	**cool** クーゥ[kuːl]	形 すずしい	英検 5 / CEFR A1			「かっこいい」という意味もあるよ。

最重要レベル　基本レベル　標準レベル　高得点レベル　超ハイレベル

STEP 1　空らんに日本語の意味を表す英単語を書こう。

☐1　道路

_____

☐2　窓

_____

☐3　指導者, リーダー

_____

☐4　会館, ホール

_____

☐5　事実

_____

☐6　コミュニケーション

_____

☐7　記憶, 思い出

_____

☐8　トマト

_____

☐9　りんご

_____

☐10　3月

_____

☐11　競争, 人種

_____

☐12　電気

_____

☐13　おじ

_____

☐14　私自身

_____

☐15　影響, ～に影響を与える

_____

☐16　キャンプをする

_____

☐17　～を想像する

_____

☐18　～をリサイクルする

_____

☐19　～を切る

_____

☐20　驚くべき, すばらしい

_____

☐21　すずしい

_____

CHECK　**前回（641位〜672位）の単語・フレーズを確認しよう！**

☐22　語学**力**

language _____

☐23　太陽**エネルギー**

solar _____

☐24　私に**自己紹介をさせてください。**

Let me _____ myself.

STEP 2　空らんに日本語の意味を表す英単語を書き，フレーズを完成させよう。

□1　ごみを拾う

_____ **up** trash

□2　博物館の中に

_____ the museum

□3　スミス先生によれば

_____ **to** Ms. Smith

□4　500円未満

_____ **than** 500 yen

□5　何かほかにありますか。

Anything _____?

□6　30分でそちらに参ります。

I'll be there in _____ **an hour**.

□7　「それでけっこうです。」と女性は言いました。

"**That's** _____," the woman said.

□8　注意して運転しなさい。

Drive _____.

□9　私はあなたに言うことは何もありません。

I **have** _____ to say to you.

□10　私があなたといっしょに行きましょうか。

_____ **I** go with you?

□11　からかっているのでしょう？

Are you _____?

□12　私のいちばんの思い出は京都への修学旅行です。

My best _____ is the school trip to Kyoto.

□13　私は「私ならできる。」と心の中で思いました。

I **said to** _____, "I can do it."

705位 ▶ 736位 の 単語　　単語を練習しよう。

# 705 **foot** フト[fut]	名 足, （長さの単位で） フィート	英検 5 CEFR B1			複 feet
# 706 **natural** ネアチュラッ[nǽtʃərəl]	形 自然の	英検 3 CEFR A2			比 more ~ - most ~
# 707 **poor** プァァ[puər] つづり 発音	形 貧しい, かわいそうな	英検 3 CEFR A1			
# 708 **hotel** ホウテッ[houtél] 発音	名 ホテル	英検 4 CEFR A1			
# 709 **notebook** ノウトブク[nóutbuk]	名 ノート	英検 5 CEFR A1			
# 710 **nurse** ナ〜ス[nəːrs] 発音	名 看護師	英検 5 CEFR A1			
# 711 **explain** イクスプレイン[ikspléin]	動 を説明する	英検 3 CEFR A2			
# 712 **instead** インステド[instéd] 発音	副 （その） 代わりに	英検 3 CEFR A2			
# 713 **result** リザゥト[rizʌ́lt]	名 結果	英検 準2 CEFR A1			
# 714 **date** デイト[deit]	名 日付	英検 5 CEFR A1			
# 715 **dictionary** ディクショネリ[díkʃəneri]	名 辞書	英検 5 CEFR A1			複 dictionaries
# 716 **far** ファーァ[faːr]	副 遠くに	英検 4 CEFR B2			つづり 比 farther - farthest
# 717 **head** ヘド[hed]	名 頭	英検 5 CEFR A1			
# 718 **Olympic** アリンピッ[əlímpik]	形 オリンピックの 名 （the Olympicsで） オリンピック大会	英検 3 CEFR A2			
# 719 **brain** ブレイン[brein]	名 脳, 頭脳	英検 2 CEFR A1			
# 720 **cry** クライ[krai]	動 泣く, さけぶ	英検 3 CEFR A1			3単現 cries 過 cried

#	見出し語	品詞・意味	英検/CEFR			補足
721	hungry ハングリ[hʌ́ŋgri]	形 空腹の	5 / A1			
722	cup カプ[kʌp]	名 カップ, 茶わん	5 / A1			熟 a cup of 〜（カップ1杯の〜）
723	dollar ダーラァ[dálər]	名 ドル	5 / A1			アメリカなどの通貨単位だよ。
724	baby ベイビ[béibi]	名 赤ちゃん	4 / A1			複 babies
725	star スターァ[stɑːr]	名 星, スター	4 / A1			
726	advice アドヴァイス[ədváis]	名 助言, アドバイス	3 / A2			
727	mine マイン[main]	代 私のもの	5 / B2			
728	guess ゲス[ges]	動 を推測する, を言い当てる	3 / B1			
729	land レァンド[lænd]	名 陸地, 土地	3 / B1			
730	top ターァプ[tɑp]	名 頂上	3 / B1			
731	Tuesday テューズデイ[tjúːzdei]	名 火曜日	5 / A1			
732	aunt エァント[ænt]	名 おば	5 / A1			
733	Chinese チャイニーズ[tʃainíːz]	形 中国の 名 中国人, 中国語	5			
734	forward フォーワド[fɔ́ːrwərd]	副 前方へ	3			熟 look forward to 〜（〜を楽しみに待つ）
735	government ガヴァメント[gʌ́vərnmənt]	名 政府	準2 / A2			
736	real リーアゥ[ríːəl]	形 本当の, 現実の	3 / A1			

最重要レベル　基本レベル　標準レベル　高得点レベル　超ハイレベル

単語・フレーズチェック

解答・解説…別冊解答P.15
正答数…STEP① 　問／24問　STEP② 　問／13問

STEP 1 　空らんに日本語の意味を表す英単語を書こう。

□ **1** ホテル

＿＿＿＿＿＿＿＿＿＿

□ **2** ノート

＿＿＿＿＿＿＿＿＿＿

□ **3** 看護師

＿＿＿＿＿＿＿＿＿＿

□ **4** 辞書

＿＿＿＿＿＿＿＿＿＿

□ **5** 脳, 頭脳

＿＿＿＿＿＿＿＿＿＿

□ **6** カップ, 茶わん

＿＿＿＿＿＿＿＿＿＿

□ **7** ドル

＿＿＿＿＿＿＿＿＿＿

□ **8** 赤ちゃん

＿＿＿＿＿＿＿＿＿＿

□ **9** 星, スター

＿＿＿＿＿＿＿＿＿＿

□ **10** 助言, アドバイス

＿＿＿＿＿＿＿＿＿＿

□ **11** 陸地, 土地

＿＿＿＿＿＿＿＿＿＿

□ **12** 火曜日

＿＿＿＿＿＿＿＿＿＿

□ **13** おば

＿＿＿＿＿＿＿＿＿＿

□ **14** 政府

＿＿＿＿＿＿＿＿＿＿

□ **15** 〜を説明する

＿＿＿＿＿＿＿＿＿＿

□ **16** 泣く, さけぶ

＿＿＿＿＿＿＿＿＿＿

□ **17** 貧しい, かわいそうな

＿＿＿＿＿＿＿＿＿＿

□ **18** 空腹の

＿＿＿＿＿＿＿＿＿＿

□ **19** 中国の, 中国語

＿＿＿＿＿＿＿＿＿＿

□ **20** 本当の, 現実の

＿＿＿＿＿＿＿＿＿＿

□ **21** 私のもの

＿＿＿＿＿＿＿＿＿＿

CHECK 　前回(673位〜704位)の単語・フレーズを確認しよう!

□ **22** 報告書によれば

＿＿＿＿＿＿＿＿＿ **to** the report

□ **23** 10年**未満**

＿＿＿＿＿＿＿＿＿ **than** ten years

□ **24** 私は10年後, 自分がどこにいるのか**想像できません**。

I **cannot** ＿＿＿＿＿＿＿＿＿ where I will be in ten years.

STEP 2 空らんに日本語の意味を表す英単語を書き，フレーズを完成させよう。

☐1 **自然**災害

_____ disaster

☐2 **結果として**

as a _____

☐3 あなたの**頭**上に

over your _____

☐4 **オリンピック大会**

the _____ Games

☐5 兄は身長6**フィート**です。

My brother is six _____ tall.

☐6 私はスープ**の代わりに**サラダを注文しました。

I ordered salad _____ **of** soup.

☐7 **今日は何日ですか。**

What's the _____ **today?**

☐8 ここからあなたの学校まではどのくらい**離れて**いますか。

How _____ is it from here to your school?

☐9 それが何だか**当ててみて**。

_____ what it is.

☐10 私たちは**山頂に**8時に到着しました。

We arrived **at the** _____ **of the mountain** at eight.

☐11 ジョンはホストファミリーに会えるの**を楽しみにしています。**

John **is looking** _____ **to** meeting his host family.

☐12 お茶を**1杯**いかがですか。

Would you like **a** _____ **of** tea?

☐13 ホワイト先生は私に**アドバイス**をくれました。

Mr. White gave me a piece of _____.

# 737 **ground** グラウンド[graund]	名 地面	英検 5 / CEFR A1			
# 738 つづり **writer** ライタァ[ráitər]	名 作家	英検 4 / CEFR A1			
# 739 **community** コミューニティ[kəmjú:nəti]	名 地域社会	英検 3 / CEFR B2			複 communities
# 740 つづり **June** ヂューン[dʒu:n]	名 6月	英検 5 / CEFR A1			
# 741 **friendly** フレンドリ[fréndli]	形 友好的な, 気さくな	英検 3 / CEFR B2			
# 742 **fan** フェアン[fæn]	名 ファン, うちわ	英検 3 / CEFR A1			「扇子」は a folding fan （折りたたむうちわ） ともいうよ。
# 743 **prepare** プリペアァ[pripéər]	動 準備する, の準備をする	英検 準2 / CEFR A2			
# 744 つづり **bicycle** バイスィクゥ[báisikl]	名 自転車	英検 5 / CEFR A1			
# 745 つづり **heavy** ヘヴィ[hévi]	形 重い	英検 4 / CEFR A1			比 heavier - heaviest
# 746 **pet** ペト[pet]	名 ペット	英検 5 / CEFR A1			
# 747 **return** リターン[ritə́:rn]	動 戻る, を返す	英検 3 / CEFR A2			
# 748 **state** ステイト[steit]	名 州	英検 準2 / CEFR B2			
# 749 つづり **sunny** サニ[sʌ́ni]	形 明るく日の さす	英検 5 / CEFR A1			
# 750 つづり **guide** ガイド[gaid]	名 案内人 動 を案内する	英検 3 / CEFR B1			
# 751 **stone** ストウン[stoun] 発音	名 石	英検 3 / CEFR A1			
# 752 **meaning** ミーニング[mí:niŋ]	名 意味	英検 3 / CEFR A2			

# 753			英検			
amount アマウント[əmáunt]	名 量, 額		準2 CEFR B1			amountは, ふつう数えられない名詞に使うよ。
# 754 ◀つづり **April** エイプリゥ[éiprəl]	名 4月		英検 5 CEFR A1			
# 755 **cause** コーズ[kɔːz]	動 を引き起こす 名 原因		英検 準2 CEFR B2			
# 756 **million** ミリョン[míljən]	名 形 100万(の)		英検 3 CEFR A2			
# 757 **suddenly** サドゥンリ[sʌ́dnli]	副 突然		英検 3 CEFR B1			
# 758 ◀つづり **Wednesday** ウェンズデイ[wénzdei]	名 水曜日		英検 5 CEFR A1			
# 759 **century** センチュリ[séntʃəri]	名 世紀		英検 3 CEFR A2			
# 760 **various** ヴェアリアス[véəriəs]	形 さまざまな		英検 準2 CEFR B1			
# 761 ◀つづり **bread** ブレッド[bred]	名 パン		英検 5 CEFR A1			
# 762 **view** ヴュー[vjuː]	名 ながめ, 物の見方		英検 3 CEFR A2			
# 763 **garbage** ガービヂ[gáːrbidʒ] 発音	名 生ごみ		英検 3 CEFR A1			
# 764 ◀つづり **touch** タチ[tʌtʃ]	動 にさわる		英検 4 CEFR A1			熟 keep in touch (with 〜) ((〜と)連絡を取り合う)
# 765 ◀つづり **bridge** ブリヂ[bridʒ]	名 橋		英検 5 CEFR A1			つづりのdを忘れないでね。
# 766 **full** フッ[ful]	形 いっぱいの		英検 4 CEFR A1			
# 767 ◀つづり **juice** デュース[dʒuːs]	名 ジュース		英検 5 CEFR A1			果汁100%のものをさすよ。
# 768 **percent** パセント[pərsént]	名 パーセント		英検 3			

最重要レベル
基本レベル
標準レベル
高得点レベル
超ハイレベル

解答・解説…別冊解答P.16
正答数…STEP①　問／24問　STEP②　問／13問

STEP 1　　空らんに日本語の意味を表す英単語を書こう。

□1　地面

_____

□2　作家

_____

□3　地域社会

_____

□4　6月

_____

□5　ファン, うちわ

_____

□6　自転車

_____

□7　ペット

_____

□8　石

_____

□9　意味

_____

□10　4月

_____

□11　水曜日

_____

□12　パン

_____

□13　生ごみ

_____

□14　橋

_____

□15　ジュース

_____

□16　〜にさわる

_____

□17　戻る, 〜を返す

_____

□18　案内人, 〜を案内する

_____

□19　明るく日のさす

_____

□20　重い

_____

□21　友好的な, 気さくな

_____

CHECK　　前回（705位〜736位）の単語・フレーズを確認しよう！

□22　**徒歩で**通学する

go to school **on** _____

□23　牛乳**の代わりに**水を使う

use water _____ **of** milk

□24　このコンピューターは**私のもの**です。

This computer is _____.

STEP 2 空らんに日本語の意味を表す英単語を書き, フレーズを完成させよう。

☐1 アメリカ合衆国

the United _____ of America

☐2 水の量

the _____ of water

☐3 20**世紀**に

in the 20th _____

☐4 違った**観点**から

from a different **point of** _____

☐5 この車は**200万**円です。

This car is **two** _____ yen.

☐6 **突然**, 雨が降り始めました。

It started to rain _____.

☐7 父は**さまざまな**種類の情報を手に入れたいと思いました。

My father wanted to get _____ kinds of information.

☐8 びんは水**でいっぱいです**。

The bottle **is** _____ **of** water.

☐9 その病気はストレスによって**引き起こされました**。

The disease **was** _____ by stress.

☐10 私はあす会議**の準備をし**ようと思います。

I will _____ **for** the meeting tomorrow.

☐11 この学校の生徒の80**パーセント**は電車で通学しています。

Eighty _____ of the students at this school come to school by train.

☐12 絵画**に手を触れ**ないでください。

Don't _____ the paintings.

☐13 この単語の**意味**は何ですか。

What's the _____ of this word?

769位 ▶ 800位の 単語　単語を練習しよう。

#	単語	意味	英検 / CEFR			
769	**cow** カウ[kau] 発音	名 牛	2 / A1			
770	**price** プライス[prais]	名 値段	3 / A1			
771	**receive** リスィーヴ[risí:v] つづり	動 を受け取る	4 / A2			
772	**farm** ファーム[fɑ:rm]	名 農場	4 / A1			
773	**past** ペアスト[pæst]	名 過去 形 過去の 前 〜を過ぎて	準2 / B1			
774	**yellow** イェロウ[jélou]	名 形 黄色(い)	5 / A1			
775	**pizza** ピーツァ[pí:tsə] 発音	名 ピザ	5 / A1			
776	**relax** リレアクス[rilǽks]	動 くつろぐ, をくつろがせる	3 / A2			
777	**textbook** テクストブク[tékstbuk]	名 教科書	5 / A2			
778	**Thursday** サ〜ズデイ[θə́:rzdei] つづり	名 木曜日	5 / A1			
779	**perfect** パ〜フェクト[pə́:rfekt]	形 完全な, 最適の	4 / A2			
780	**elevator** エレヴェイタァ[éləveitər] 発音	名 エレベーター	3 / A2			
781	**exercise** エクササイズ[éksərsaiz] つづり	名 運動 動 運動する	3 / A2			
782	**kitchen** キチン[kítʃin] つづり	名 台所	5 / A1			
783	**September** セプテンバァ[septémbər] つづり	名 9月	5 / A1			
784	**supermarket** スーパマーキッ[sú:pərmɑːrkit]	名 スーパーマーケット	5 / A1			

# 785			英検			
enter エンタァ[éntər]	動 に入る		3 CEFR A2			
# 786			英検			
orange オーリンヂ[ɔ́:rindʒ]	名 オレンジ 形 オレンジ色の		5 CEFR A1			
# 787			英検			
prize プライズ[praiz]	名 賞		3 CEFR B1			
# 788			英検			
careful ケアフォ[kéərfəl]	形 注意深い		4 CEFR A1			比 more ~ - most ~
# 789			英検			
daily デイリ[déili]	形 日常の		3 CEFR A2			
# 790			英検			
slowly スロウリ[slóuli]	副 ゆっくりと		4 CEFR A2			比 more ~ - most ~
# 791			英検			
himself ヒムセッフ[himsélf]	代 彼自身		3 CEFR A2			
# 792			英検			
comic カーミㇰ[kámik]	名 まんが		準2 CEFR A2			
# 793			英検			
wall ウォーゥ[wɔːl]	名 壁		5 CEFR A1			
# 794			英検			
researcher リサ〜チャァ[risə́:rtʃər]	名 研究者		2 CEFR B1			
# 795			英検			
seem スィーム[si:m]	動 ～のように 思われる		準2 CEFR A2			
# 796 つづり			英検			
thousand サウザンド[θáuzənd]	名 形 1000(の)		5 CEFR A2			thousands of ~ 以外では, thousandは複 数形にしないよ。
# 797			英検			
attention アテンション[əténʃən]	名 注意		4 CEFR A2			熟 pay attention to ~ (～に注意を払う)
# 798			英検			
painting ペインティンㇰ[péintiŋ]	名 絵		5 CEFR A1			
# 799			英検			
U.K. ユーケイ[júːkéi]	名 (theをつけて) イギリス		3			United Kingdom (連合王国)の略。
# 800 つづり			英検			
castle ケアスゥ[kǽsl]	名 城		準2 CEFR A2			

解答・解説…別冊解答P.16
正答数…STEP① 　問／24問　STEP② 　問／13問

STEP 1 　空らんに日本語の意味を表す英単語を書こう。

1 牛

_____

2 農場

_____

3 ピザ

_____

4 教科書

_____

5 木曜日

_____

6 エレベーター

_____

7 壁

_____

8 9月

_____

9 スーパーマーケット

_____

10 台所

_____

11 研究者

_____

12 城

_____

13 ～を受け取る

_____

14 くつろぐ

_____

15 ～に入る

_____

16 黄色(い)

_____

17 オレンジ, オレンジ色の

_____

18 注意深い

_____

19 日常の

_____

20 彼自身

_____

21 ゆっくりと

_____

CHECK 　前回（737位～768位）の単語・フレーズを確認しよう！

22 新しい橋

a new _____

23 重い石

a _____ stone

24 パーティーの準備をしましょう。

Let's _____ for the party.

STEP 2　空らんに日本語の意味を表す英単語を書き, フレーズを完成させよう。

1 過去に

in the _____

2 運動をする

do _____

3 まんが本

_____ **books**

4 自分自身の健康に**注意**を払う

pay _____ to my own health

5 このカップの**値段**は1,000円です。

The _____ of this cup is 1,000 yen.

6 この商品は贈り物に**最適**です。

This product is _____ for a present.

7 私たちのクラスは**優勝しました**。

Our class **won first** _____.

8 あなたの**絵画**はすばらしい。

Your _____ are wonderful.

9 ホワイト先生はとても忙しい**ようです**。

Ms. White _____ very busy.

10 この町には約**2万**人が住んでいます。

About **twenty** _____ people live in this town.

11 父は**イギリス**の出身で, 母はフランスの出身です。

My father is from **the** _____, and my mother is from France.

12 まず, 彼は**自己紹介しました**。

First, he **introduced** _____.

13 もっと**ゆっくりと**話していただけますか。

Could you speak more _____?

801位 ▶ 832位の 単語　単語を練習しよう。

# 801 cute キュート[kju:t]	形 かわいい	英検 5 CEFR A1			
# 802 meat ミート[mi:t]	名 肉	英検 5 CEFR A1			
# 803 quiet クワイエト[kwáiət]	形 静かな	英検 4 CEFR A1			quite(かなり, まったく)との違いに気をつけてね。
# 804 action エァクション[ǽkʃən]	名 行動, 動作	英検 3 CEFR A1			
# 805 fifteen 発音 フィフティーン[fiftí:n]	名 形 15 (の)	英検 5 CEFR A1			
# 806 invite インヴァイト[inváit]	動 を招待する	英検 3 CEFR A2			
# 807 main つづり メイン[mein]	形 おもな, 主要な	英検 3 CEFR B1			
# 808 ocean オウシャン[óuʃən]	名 大洋, 海	英検 4 CEFR B1			ふつうtheをつけて使うよ。
# 809 set セト[set]	動 を置く, (太陽が) 沈む 名 一組, セット	英検 準2 CEFR A2			過 set - set ing形 setting
# 810 shape シェイプ[ʃeip]	名 形	英検 3 CEFR A2			
# 811 similar スィミラァ[símələr]	形 同じような, 似ている	英検 準2 CEFR A2			
# 812 volleyball ヴァーリボーゥ[válibɔ:l]	名 バレーボール	英検 5 CEFR A1			
# 813 behind 発音 ビハインド[biháind]	前 ～の後ろに	英検 3 CEFR A1			
# 814 eleven つづり イレヴン[ilévn]	名 形 11 (の)	英検 5 CEFR A1			
# 815 international インタネァショナッ[intərnǽʃənəl]	形 国際的な	英検 3 CEFR A2			
# 816 lucky ラキ[lʌ́ki]	形 幸運な	英検 4 CEFR A1			比 luckier - luckiest

#	単語	品詞・意味	英検/CEFR			メモ
817	**ski** スキー[skiː]	動 スキーをする 名 スキー板	英検 5 CEFR A2			
818	**sky** スカイ[skai]	名 空	英検 4 CEFR A1			ふつうtheを つけて使うよ。
819	**U.S.** ユーエス[júːés]	名 (theをつけて) アメリカ合衆国	英検 5			United States の略。
820	**toy** トイ[tɔi]	名 おもちゃ	英検 4 CEFR A1			
821	**twice** トワイス[twais]	副 2回, 2倍	英検 4 CEFR A2			
822	**article** アーティコゥ[áːrtikl]	名 記事	英検 準2 CEFR A1			「品物」という 意味もあるよ。
823	**boat** ボウト[bout] 発音	名 ボート, 船	英検 4 CEFR A1			
824	**hair** ヘアァ[heər] つづり	名 髪の毛	英検 5 CEFR A1			
825	**island** アイランド[áilənd] 発音	名 島	英検 3 CEFR A1			
826	**moon** ムーン[muːn]	名 月	英検 4 CEFR A1			ふつうtheを つけて使うよ。
827	**united** ユーナイティド[juːnáitid]	形 連合した, 団結した	英検 3 CEFR B2			
828	**anyone** エニワン[éniwʌn]	代 (疑問文で)だれか (否定文で) だれも(~ない)	英検 4 CEFR A1			
829	**gym** ヂム[dʒim]	名 体育館	英検 5 CEFR B1			「スポーツジム」の 意味もあるよ。
830	**cream** クリーム[kriːm]	名 クリーム	英検 5 CEFR A2			
831	**effort** エファト[éfərt]	名 努力	英検 準2 CEFR A2			
832	**fishing** フィシング[fíʃiŋ]	名 魚釣り, fish の ing 形	英検 5 CEFR A1			

最重要レベル

基本レベル

標準レベル

高得点レベル

超ハイレベル

STEP 1　空らんに日本語の意味を表す英単語を書こう。

1 肉 _____

2 行動, 動作 _____

3 大洋, 海 _____

4 形 _____

5 バレーボール _____

6 空 _____

7 おもちゃ _____

8 ボート, 船 _____

9 髪の毛 _____

10 島 _____

11 月 _____

12 体育館 _____

13 クリーム _____

14 スキーをする _____

15 ～を招待する _____

16 かわいい _____

17 11(の) _____

18 15(の) _____

19 国際的な _____

20 幸運な _____

21 おもな, 主要な _____

CHECK　前回（769位〜800位）の単語・フレーズを確認しよう！

22 通りを横切るときには車に気をつけなさい。

Be _____ of cars when you cross the street.

23 壁にかかっている絵画を見てください。

Look at the _____ on the _____.

STEP 2　空らんに日本語の意味を表す英単語を書き，フレーズを完成させよう。

□ **1**　**釣り船**

a ＿＿＿＿＿＿＿＿＿ ＿＿＿＿＿＿＿＿＿

□ **2**　**努力する**

make an ＿＿＿＿＿＿＿＿＿

□ **3**　**アメリカ合衆国**

the ＿＿＿＿＿＿＿＿＿ States of America

□ **4**　**1セットの人形**

a ＿＿＿＿＿＿＿＿＿ of dolls

□ **5**　**だれか**欠席していますか。

Is ＿＿＿＿＿＿＿＿＿ absent?

□ **6**　私はきのう，オンラインでその**記事**を読みました。

I read the ＿＿＿＿＿＿＿＿＿ online.

□ **7**　私はオーストラリアに**2回**行ったことがあります。

I have been to Australia ＿＿＿＿＿＿＿＿＿.

□ **8**　マナは**アメリカ合衆国**で勉強したいと思っているのですか。

Does Mana want to study in **the** ＿＿＿＿＿＿＿＿＿?

□ **9**　彼女はドア**の後ろに**立っていました。

She was standing ＿＿＿＿＿＿＿＿＿ the door.

□ **10**　あなたのかばんは私のもの**と似ています。**

Your bag **is** ＿＿＿＿＿＿＿＿＿ **to** mine.

□ **11**　私の家族は冬によく**スキーに行きます。**

My family often **goes** ＿＿＿＿＿＿＿＿＿ in winter.

□ **12**　私はエイミーからパーティーに**招待されました。**

I **was** ＿＿＿＿＿＿＿＿＿ to the party by Amy.

□ **13**　授業中は**静かに**してください。

Please be ＿＿＿＿＿＿＿＿＿ during class.

833位 ▶ 864位 の 単語　単語を練習しよう。

#	単語	品詞・意味	英検/CEFR			メモ
833	miss ミス[mis]	動 に乗り遅れる, をのがす, がいなくてさびしい	英検 3 CEFR A1			
834	ring リング[riŋ]	動 鳴る 名 輪, 指輪	英検 4 CEFR A2			● rang - rung
835	rest レスト[rest]	名 休息	英検 3 CEFR B1			
836	yourself ユアァセッフ[juərsélf]	代 あなた自身	英検 3 CEFR A1			
837	dark ダーク[dɑːrk]	形 暗い	英検 4 CEFR A1			
838	egg エグ[eg]	名 卵	英検 5 CEFR A1			
839	Mrs. ミスィズ[mísiz]	名 ～さん, ～先生	英検 5 CEFR A1			
840	runner ラナァ[rʌ́nər]	名 走る人, ランナー	英検 準2 CEFR A2			
841	step ステプ[step]	名 歩み	英検 3 CEFR A2			
842	trouble ［つづり］ トラボゥ[trʌ́bl]	名 困ること, 困難	英検 3 CEFR A2			be in trouble (困っている,トラブルに巻き込まれている)
843	yours ユアァズ[juərz]	代 あなたのもの, あなたたちのもの	英検 5 CEFR A1			
844	across アクロース[əkrɔ́ːs]	前 ～を横切って	英検 3 CEFR A2			
845	business ［つづり］ ビズニス[bíznis]	名 仕事	英検 3 CEFR A1			
846	character ［つづり］ ケァラクタァ[kǽrəktər]	名 性格, 登場人物	英検 準2 CEFR A1			
847	France フレアンス[fræns]	名 フランス	英検 4			
848	healthy ヘッスィ[hélθi]	形 健康な, 健康的な	英検 3 CEFR A1			

# 849					
meter 発音 ミータァ[míːtər]	名 メートル	英検 5 / CEFR A2			
# 850 つづり **October** アクトウバァ[aktóubər]	名 10月	英検 5 / CEFR A1			
# 851 **respect** リスペクト[rispékt]	動 を尊敬する 名 尊敬, 敬意	英検 準2 / CEFR B1			
# 852 **seat** スィート[siːt]	名 座席	英検 4 / CEFR A1			
# 853 **smell** スメッ[smel]	動 ～においがする 名 におい	英検 3 / CEFR A1			
# 854 **strange** ストレインヂ[streindʒ]	形 奇妙な	英検 4 / CEFR A1			
# 855 **temperature** テンプラチャァ[témpərətʃər]	名 温度	英検 準2 / CEFR A2			
# 856 **wood** ウド[wud]	名 木材, (複数形で)森	英検 3 / CEFR A2			
# 857 つづり **tonight** トゥナイト[tənáit]	副 名 今夜(は)	英検 5 / CEFR A1			
# 858 **bookstore** ブクストーァ[búkstɔːr]	名 書店	英検 5 / CEFR A1			
# 859 **helpful** ヘゥプフォ[hélpfəl]	形 役に立つ	英検 3 / CEFR A2			
# 860 つづり **heart** ハート[hɑːrt]	名 心, 心臓	英検 3 / CEFR A1			
# 861 つづり **January** ヂェアニュエリ[dʒǽnjueri]	名 1月	英検 5 / CEFR A1			
# 862 **paint** ペイント[peint]	動 (絵の具で絵)を描く, にペンキを塗る	英検 5 / CEFR A1			名詞で「絵の具, ペンキ」の意味もあるよ。
# 863 **adult** アダゥト[ədʌ́lt]	名 大人 形 大人の	英検 3 / CEFR A2			
# 864 **tool** トゥーゥ[tuːl]	名 道具	英検 準2 / CEFR A1			

最重要レベル

基本レベル

標準レベル

高得点レベル

超ハイレベル

123

STEP 1　空らんに日本語の意味を表す英単語を書こう。

☐**1** 卵

_____

☐**2** 走る人, ランナー

_____

☐**3** 歩み

_____

☐**4** 困ること, 困難

_____

☐**5** 性格, 登場人物

_____

☐**6** フランス

_____

☐**7** メートル

_____

☐**8** 10月

_____

☐**9** 座席

_____

☐**10** 温度

_____

☐**11** 木材, (複数形で)森

_____

☐**12** 心, 心臓

_____

☐**13** 書店

_____

☐**14** 1月

_____

☐**15** 鳴る, 輪, 指輪

_____

☐**16** 〜を尊敬する, 敬意

_____

☐**17** 奇妙な

_____

☐**18** 大人, 大人の

_____

☐**19** 暗い

_____

☐**20** 今夜(は)

_____

☐**21** あなたのもの

_____

CHECK　前回(801位〜832位)の単語・フレーズを確認しよう!

☐**22** おもな原因

the _____ cause

☐**23** 努力する

make an _____

☐**24** この薬を**1日2回**のんでください。

Take this medicine _____ **a day**.

STEP 2 空らんに日本語の意味を表す英単語を書き，フレーズを完成させよう。

□1 **休息**をとる

take a _____

□2 **あなた自身**を信じる

believe _____

□3 川**を横切って**

_____ the river

□4 最初の**一歩**

the first _____

□5 あなたは電車**に乗り遅れる**でしょう。

You will _____ the train.

□6 こちらは**メアリー・ベイカーさん**です。彼女の夫はニックです。

This is _____ **Mary Baker**. Her husband is Nick.

□7 母は**仕事で**韓国へ行きました。

My mother went to Korea **on** _____.

□8 あなたのおばあさんは**健康**そうです。

Your grandmother looks _____.

□9 このピザはとてもいい**においがします。**

This pizza _____ very good.

□10 このウェブサイトはとても**役に立ちます。**

This website **is** very _____.

□11 妹は**(絵の具で)絵を描くこと**が得意です。

My sister is good at _____ **pictures**.

□12 祖父は家を建てる**道具**をたくさん持っています。

My grandfather has a lot of _____ for building houses.

□13 この塔は高さ634**メートル**です。

This tower is 634 _____ tall.

#	単語	品詞・意味	英検/CEFR			メモ
865	**trash** トレァシュ[træʃ]	名 ごみ, くず	英検3 / CEFR B1			ふつうgarbage（生ごみ）以外のごみをさすよ。
866	**straight** 〈つづり〉 ストレイト[streit]	副 まっすぐに	英検3 / CEFR A2			
867	**uniform** ユーニフォーム[júːnəfɔːrm]	名 制服	英検4 / CEFR A2			
868	**elephant** エレファント[éləfənt]	名 ゾウ	英検3 / CEFR A2			
869	**wish** ウィシュ[wiʃ]	動 願う / 名 願い	英検3 / CEFR A1			
870	**elderly** エゥダリ[éldərli]	形 年配の	英検準2 / CEFR A2			
871	**India** インディア[índiə]	名 インド	英検3			
872	**strawberry** ストローベリ[strɔ́ːberi]	名 いちご	英検4 / CEFR B1			複 strawberries
873	**climb** 〈つづり〉 クライム[klaim]	動 を登る	英検3 / CEFR A1			climbの最後のbは発音しないよ。
874	**disaster** 〈発音〉 ディゼァスタァ[dizǽstər]	名 大災害, 大惨事	英検2 / CEFR B1			
875	**size** サイズ[saiz]	名 大きさ	英検4 / CEFR A1			
876	**themselves** ゼムセゥヴズ[ðəmsélvz]	代 彼ら自身, 彼女ら自身, それら自身	英検3 / CEFR A2			
877	**control** コントロウゥ[kəntróul]	動 をコントロールする,を管理する / 名 コントロール	英検3 / CEFR A2			過 controlled / ing形 controlling
878	**photo** 〈発音〉 フォウトウ[fóutou]	名 写真	英検3 / CEFR A1			photographを省略した形だよ。
879	**sand** セァンド[sænd]	名 砂	英検2 / CEFR B1			
880	**college** カーリヂ[kɑ́lidʒ]	名 大学	英検5 / CEFR A1			

# 881 February フェブルエリ[fébrueri]	名 2月	英検 5 / CEFR A1			
# 882 lead リード[liːd]	動 を導く, (lead toで) につながる	英検 2 / CEFR B1			過 led - led
# 883 marathon 〔つづり〕 メアラサーン[mǽrəθɑn]	名 マラソン	英検 3 / CEFR B2			
# 884 Mt. マウント[maunt]	名 ～山	英検 3 / CEFR B1			Mountの略で, 山の名前の前に つけるよ。
# 885 south サウス[sauθ]	名 形 南(の)	英検 3 / CEFR A2			
# 886 Africa エアフリカ[ǽfrikə]	名 アフリカ	英検 3			
# 887 convenience カンヴィーニェンス[kənvíːniəns]	名 便利さ	英検 準2 / CEFR A2			
# 888 forty 〔つづり〕 フォーティ[fɔ́ːrti]	名 形 40(の)	英検 5 / CEFR A1			
# 889 leg レグ[leg]	名 足(足首から上 の部分をさす)	英検 5 / CEFR A1			
# 890 luck ラック[lʌk]	名 運	英検 4 / CEFR A1			
# 891 Europe 〔つづり〕 ユアラプ[júərəp]	名 ヨーロッパ	英検 3			
# 892 serious スィアリアス[síəriəs]	形 深刻な, 真剣な	英検 準2 / CEFR B1			比 more ～ - most ～
# 893 taste テイスト[teist]	動 ～な味がする 名 味	英検 3 / CEFR B1			
# 894 topic タービック[tápik]	名 話題	英検 準2 / CEFR A1			
# 895 wave ウェイヴ[weiv]	名 波 動 手を振る, を振る	英検 準2 / CEFR A2			
# 896 police ポリース[pəlíːs]	名 警察	英検 3 / CEFR A2			the policeは 警察全体を表す ので, 複数扱い をするよ。

最重要レベル

基本レベル

標準レベル

高得点レベル

超ハイレベル

127

STEP 1 空らんに日本語の意味を表す英単語を書こう。

□1 ごみ, くず

_____

□2 制服

_____

□3 ゾウ

_____

□4 インド

_____

□5 いちご

_____

□6 大災害, 大惨事

_____

□7 大きさ

_____

□8 写真

_____

□9 砂

_____

□10 大学

_____

□11 2月

_____

□12 運

_____

□13 アフリカ

_____

□14 マラソン

_____

□15 ヨーロッパ

_____

□16 話題

_____

□17 波, 手を振る

_____

□18 〜を導く

_____

□19 〜を登る

_____

□20 40(の)

_____

□21 まっすぐに

_____

CHECK　前回(833位〜864位)の単語・フレーズを確認しよう!

□22 **暗く**なってきています。

It's getting _____.

□23 主要な**登場人物**

a main _____

□24 子どもたちは2時間以上, **森**の中を歩き回りました。

The children walked around in the _____ for over two hours.

STEP **2**　空らんに日本語の意味を表す英単語を書き, フレーズを完成させよう。

□1　お年寄り[**年配の人々**]

　　_____ people

□2　**富士山**

　　_____ Fuji

□3　**南**の島へ行く

　　go to an island in the _____

□4　**コンビニエンスストア**

　　a _____ **store**

□5　**深刻な**事故

　　a _____ accident

□6　**警察署**

　　a _____ **station**

□7　私は世界平和**を願っています**。

　　I _____ **for** world peace.

□8　彼らは**自分たちで**テントを張りました。

　　They set up a tent **by** _____.

□9　その先生がクラス**を管理し**なければなりませんでした。

　　The teacher had to _____ the class.

□10　私は先週, 左**足**を骨折しました。

　　I broke my left _____ last week.

□11　まっ茶は**苦い味がします**。

　　Matcha _____ **bitter**.

□12　**ごみ**を捨ててはいけません。

　　Don't throw away _____.

□13　銀行まで**まっすぐに**行ってください。

　　Go _____ to the bank.

□14　努力をすることが大きな成功**につながります**。

　　Making efforts _____ **to** a great success.

897位 ▶ 928位 の 単語 単語を練習しよう。

# 897 **reach** リーチ[ri:tʃ]	動 に着く, に届く	英検 3 CEFR B1			「〜に着く」という意味なので,あとに前置詞はつけないよ。
# 898 **dear** ディアァ[diər]	形 (手紙で) 親愛なる〜様	英検 4 CEFR A1			
# 899 **simple** スインポゥ[símpl]	形 簡単な, 質素な	英検 4 CEFR A2			
# 900 **stage** ステイヂ[steidʒ]	名 舞台	英検 3 CEFR A1			
# 901 つづり **spread** スプレッド[spred]	動 広がる, を広げる	英検 3 CEFR A2			過 spread - spread
# 902 **staff** ステァフ[stæf]	名 職員, スタッフ	英検 3 CEFR A2			
# 903 **French** フレンチ[frentʃ]	形 フランスの 名 フランス語, フランス人	英検 5			
# 904 **plane** プレイン[plein]	名 飛行機	英検 5 CEFR A1			airplaneを省略した語だよ。
# 905 **period** ピリアド[píəriəd]	名 時代, 期間	英検 2 CEFR A1			「ピリオド(.)」の意味もあるよ。
# 906 **teammate** ティームメイト[tíːmmeit]	名 チームメイト	英検 3 CEFR B1			
# 907 **rich** リチ[ritʃ]	形 金持ちの, 豊かな	英検 4 CEFR A1			
# 908 **whose** フーズ[huːz]	代 だれの, だれのもの	英検 5 CEFR A1			
# 909 **kilometer** キラーミタァ[kilámətər] 発音	名 キロメートル	英検 5 CEFR A2			
# 910 **cap** ケァプ[kæp]	名 ぼうし, キャップ	英検 5 CEFR A1			
# 911 つづり **daughter** ドータァ[dɔ́ːtər] 発音	名 娘	英検 4 CEFR A1			ghは発音しないよ。
# 912 つづり **December** ディセンバァ[disémbər]	名 12月	英検 5 CEFR A1			

# 913 hit ヒト[hit]	動 を打つ	英検 4 / CEFR B1			過 hit - hit　ing形 hitting
# 914 insect インセクト[ínsekt]	名 昆虫	英検 準2 / CEFR A2			
# 915 record 名 レカド[rékərd]　動 リコード[rikɔ́ːrd]	名 記録　動 を記録する	英検 準2 / CEFR B1			名詞と動詞で発音・アクセントが違うよ。
# 916 site サイト[sait]	名 用地，ウェブサイト	英検 2 / CEFR A1			
# 917 might マイト[mait] つづり	助 ～かもしれない	英検 準2 / CEFR A2			
# 918 society ソサイエティ[səsáiəti] 発音	名 社会	英検 準2 / CEFR A2			
# 919 percentage パセンティヂ[pərséntidʒ]	名 パーセンテージ，割合	英検 2 / CEFR B2			
# 920 climate クライミト[kláimət] 発音	名 気候	英検 準2 / CEFR B1			
# 921 fifty フィフティ[fífti] つづり	名 形 50（の）	英検 5 / CEFR A1			
# 922 fight ファイト[fait]	動 戦う　名 戦い	英検 3 / CEFR A1			過 fought - fought つづり
# 923 perform パフォーム[pərfɔ́ːrm]	動 (を)上演する，(を)演奏する	英検 3 / CEFR A2			
# 924 social ソウシャゥ[sóuʃəl]	形 社会の	英検 3 / CEFR A1			
# 925 someday サムデイ[sʌ́mdei]	副 (未来の)いつか	英検 4 / CEFR A2			
# 926 patient ペイシェント[péiʃənt] 発音	名 患者　形 がまん強い	英検 準2 / CEFR B1			
# 927 lion ライアン[láiən]	名 ライオン	英検 3 / CEFR A1			
# 928 relationship リレイションシプ[riléiʃənʃip]	名 関係	英検 準2 / CEFR B1			

単語・フレーズチェック

解答・解説…別冊解答P.18
正答数…STEP①　問／24問　STEP②　問／13問

STEP 1　空らんに日本語の意味を表す英単語を書こう。

1 舞台

_____

2 職員, スタッフ

_____

3 飛行機

_____

4 チームメイト

_____

5 キロメートル

_____

6 ぼうし, キャップ

_____

7 娘

_____

8 12月

_____

9 昆虫

_____

10 社会

_____

11 ライオン

_____

12 関係

_____

13 (〜を)上演する

_____

14 患者, がまん強い

_____

15 記録, 〜を記録する

_____

16 金持ちの, 豊かな

_____

17 フランスの, フランス語

_____

18 50(の)

_____

19 簡単な, 質素な

_____

20 社会の

_____

21 パーセンテージ, 割合

_____

CHECK　前回(865位〜896位)の単語・フレーズを確認しよう!

22 **制服**を着る

wear a _____

23 自然**災害**

a natural _____

24 この席は**お年寄り**のためのものです。

This seat is for _____ **people**.

STEP **2**　空らんに日本語の意味を表す英単語を書き，フレーズを完成させよう。

1　**親愛なる**山田**様**

_____ Ms. Yamada,

2　平安**時代**

the Heian _____

3　世界遺産（の**地**）

a World Heritage _____

4　**気候**変動

_____ change

5　私たちは暗くなる前にその村**に到着し**ます。

We will _____ the village before it gets dark.

6　その情報はすぐに**広がりました**。

The information _____ quickly.

7　これは**だれの**水筒ですか。

_____ water bottle is this?

8　その男の子はとてもじょうずにボール**を打ちました**。

The boy _____ the ball very well.

9　彼の話は本当**かもしれません**。

His story _____ be true.

10　メグは**いつか**小説を書きたいと思っています。

Meg wants to write a novel _____.

11　彼は自国のために**戦い**続けました。

He kept _____ for his own country.

12　彼女の夢は大**舞台**で踊ることです。

Her dream is to dance on a big _____.

13　彼は病気の**患者**を助けるために懸命に働きました。

He worked hard to help sick _____.

929位 ▶ 960位の 単語　単語を練習しよう。

#	単語		意味	英検 / CEFR			
929	case ケイス[keis]		名 場合，容器	5 / A1			
930	cover カヴァァ[kʌ́vər]		動 をおおう	3 / A1			熟 be covered with 〜（〜でおおわれている）
931	chocolate チャーコレト[tʃɑ́kələt] 発音		名 チョコレート	5 / A1			
932	probably プラーバブリ[prɑ́bəbli]		副 たぶん，おそらく	3 / A2			
933	grade グレイド[greid]		名 学年，等級	4 / A1			
934	meal ミーゥ[mi:l]		名 食事	3 / A1			
935	salt ソーゥト[sɔːlt]		名 塩	4 / A2			
936	war ウォーァ[wɔːr] 発音		名 戦争	3 / A1			
937	chair チェアァ[tʃeər] つづり		名 いす	5 / A1			
938	possible パースィボゥ[pɑ́səbl]		形 可能な，ありうる	3 / A2			
939	common カーモン[kɑ́mən]		形 共通の，ありふれた	3 / A2			比 more 〜 - most 〜 またはcommoner - commonest
940	whole ホウゥ[houl]		形 全体の	3 / A2			
941	encourage インカーリヂ[inkɑ́ːridʒ] つづり		動 を勇気づける	準2 / A2			
942	driver ドライヴァァ[dráivər]		名 運転手	5 / A1			
943	owner オウナァ[óunər]		名 所有者	3 / A1			
944	theater スィアタァ[θíətər]		名 劇場，映画館	4 / A1			

945	**condition** コンディション[kəndíʃən]	名 状態,(複数形で)状況	英検 2 / CEFR A2			
946	**fresh** フレシュ[freʃ]	形 新鮮な	英検 3 / CEFR A2			
947	**grandma** グレァンマー[grǽnmɑː]	名 おばあちゃん	英検 5 / CEFR A1			
948	**holiday** ハーリデイ[hɑ́lədei]	名 祝日,休日	英検 4 / CEFR A1			
949	**May** メイ[mei]	名 5月	英検 5 / CEFR A1			
950	**pollution** ポルーション[pəlúːʃən]	名 汚染	英検 3 / CEFR A1			
951	**leaf** リーフ[liːf]	名 葉	英検 準2 / CEFR A1			複 leaves
952	**tooth** トゥース[tuːθ]	名 歯	英検 5 / CEFR A1			複 teeth
953	**airport** エアポート[éərpɔːrt]	名 空港	英検 5 / CEFR A1			
954	**hole** ホウ[houl]	名 穴	英検 3 / CEFR A1			
955	**middle** ミドゥ[mídl]	名 真ん中 / 形 真ん中の	英検 3 / CEFR A1			熟 in the middle of ~ (~の中ごろに,~の真ん中に)
956	**notice** ノウティス[nóutis]	動 に気づく / 名 通知,掲示	英検 4 / CEFR A2			
957	**page** ペイヂ[peidʒ]	名 ページ	英検 5 / CEFR A1			
958	**November** ノウヴェンバァ[nouvémbər]	名 11月	英検 5 / CEFR A1			
959	**schedule** スケデューウ[skédʒuːl]	名 予定(表)	英検 3 / CEFR A2			
960	**wild** ワイウド[waild]	形 野生の	英検 3 / CEFR A2			

最重要レベル / 基本レベル / 標準レベル / 高得点レベル / 超ハイレベル

135

STEP 1　空らんに日本語の意味を表す英単語を書こう。

1 チョコレート _____

2 食事 _____

3 塩 _____

4 戦争 _____

5 いす _____

6 運転手 _____

7 所有者 _____

8 劇場, 映画館 _____

9 状態 _____

10 おばあちゃん _____

11 祝日, 休日 _____

12 5月 _____

13 空港 _____

14 穴 _____

15 ページ _____

16 11月 _____

17 予定(表) _____

18 ～に気づく, 通知 _____

19 ～を勇気づける _____

20 新鮮な _____

21 共通の, ありふれた _____

CHECK　前回(897位～928位)の単語・フレーズを確認しよう!

22 **記録**を破る
break the _____

23 **フランス語**を話す
speak _____

24 私の**娘**
my _____

25 よりよい**社会**のために
for a better _____

STEP 2 空らんに日本語の意味を表す英単語を書き，フレーズを完成させよう。

□1 この**場合**には

in this _____

□2 第二次世界大戦

World _____ II

□3 **丸**一日

the _____ day

□4 大気汚染

air _____

□5 **歯**をみがく

brush my _____

□6 ４月**の中ごろに**

in the _____ of April

□7 その新しい建物はガラス張りです［ガラス**におおわれています**］。

The new building is _____ with glass.

□8 ジェーンは**たぶん**来るでしょう。

Jane will _____ come.

□9 私たちは中学２**年生**［8 **年生**］です。

We are in the eighth _____.

□10 私たちが水を節約することは**可能**です。

It is _____ for us to save water.

□11 秋には黄色い**葉っぱ**がとてもきれいです。

The yellow _____ are very beautiful in fall.

□12 私たちは**野生動物**を保護しなければなりません。

We must protect _____ animals.

□13 困難な**状況**下でも決してあきらめないでください。

Never give up even under difficult _____.

□14 両親はいつも私**を勇気づけて**くれます。

My parents always _____ me.

961	**Christmas** つづり クリスマス[krísməs]	名 クリスマス	英検 4			
962	**express** イクスプレス[iksprés]	動 を表現する, を述べる	英検 4 / CEFR A2			
963	**cookie** クキィ[kúki]	名 クッキー	英検 5 / CEFR A1			
964	**medicine** つづり メドスン[médsən]	名 薬	英検 3 / CEFR A1			薬を「のむ」というときはtakeを使う。
965	**proud** プラウド[praud]	形 誇りを もっている	英検 準2 / CEFR B1			熟 be proud of ～ (～を誇りに思う)
966	**astronaut** つづり エアストロノート[ǽstrənɔ:t]	名 宇宙飛行士	英検 3 / CEFR A2			
967	**corner** コーナァ[kɔ́:rnər]	名 角^{かど}	英検 4 / CEFR A1			
968	**shock** シャーク[ʃɑk]	動 にショックを 与える 名 衝撃, ショック	英検 3 / CEFR A2			
969	**tournament** トゥアナメント[túərnəmənt]	名 トーナメント, 勝ち抜き戦	英検 3 / CEFR B1			
970	**distance** ディスタンス[dístəns]	名 距離, 遠距離	英検 3 / CEFR B1			
971	**repair** リペアァ[ripéər] 発音	動 を修理する	英検 準2 / CEFR A2			
972	**tunnel** タナッ[tʌ́nəl]	名 トンネル	英検 準2 / CEFR B2			
973	**violin** ヴァイアリン[vaiəlín] 発音	名 バイオリン	英検 5 / CEFR A2			
974	**wind** ウィンド[wind]	名 風	英検 4 / CEFR A1			
975	**artist** アーティスト[á:rtist]	名 芸術家	英検 4 / CEFR B1			
976	**cheap** つづり チープ[tʃi:p]	形 安い	英検 3 / CEFR A2			

# 977 **ballet** バレイ[bæléi] 発音	名 バレエ	英検 3 / CEFR B2			
# 978 **connect** コネクト[kənékt]	動 をつなぐ	英検 準2 / CEFR B1			
# 979 **drama** ドラーマ[drɑ́:mə]	名 演劇, ドラマ	英検 4 / CEFR A1			
# 980 **cloth** クロース[klɔːθ]	名 布	英検 3 / CEFR A1			
# 981 **o'clock** アクラーク[əklɑ́k]	副 ～時	英検 5 / CEFR A1			時刻が「～時ちょうど」というときに使うよ。
# 982 **cherry** チェリ[tʃéri]	名 さくらんぼ, 桜	英検 4 / CEFR B2			複 cherries
# 983 **gate** ゲイト[geit]	名 門	英検 3 / CEFR A2			
# 984 **level** レヴェゥ[lévəl]	名 レベル, 程度	英検 準2 / CEFR B1			
# 985 **sandwich** セアンドウィチ[sǽndwitʃ]	名 サンドイッチ	英検 5 / CEFR A1			
# 986 **soup** つづり スープ[suːp]	名 スープ	英検 5 / CEFR A1			スプーンを使ってのむときはeat soupともいうよ。
# 987 **drum** ドラム[drʌm]	名 太鼓, ドラム	英検 4 / CEFR A1			
# 988 **hamburger** つづり ヘアンバ～ガァ[hǽmbə:rgər]	名 ハンバーガー	英検 5 / CEFR A1			
# 989 **hurt** ハ～ト[hə:rt] 発音	動 を傷つける, 痛む	英検 3 / CEFR B1			原形・過去形・過去分詞がすべて同じ形!
# 990 **marry** メァリ[mǽri]	動 と結婚する	英検 3 / CEFR A2			3単現 marries 過 married
# 991 **match** メァチ[mætʃ]	名 試合	英検 4 / CEFR A1			複 matches
# 992 **pen** ペン[pen]	名 ペン	英検 5 / CEFR A1			

最重要レベル / 基本レベル / 標準レベル / 高得点レベル / 超ハイレベル

139

STEP 1 空らんに日本語の意味を表す英単語を書こう。

□1 クッキー

_____

□2 薬

_____

□3 宇宙飛行士

_____

□4 トーナメント

_____

□5 距離, 遠距離

_____

□6 トンネル

_____

□7 バイオリン

_____

□8 風

_____

□9 芸術家

_____

□10 バレエ

_____

□11 演劇, ドラマ

_____

□12 布

_____

□13 門

_____

□14 レベル, 程度

_____

□15 サンドイッチ

_____

□16 スープ

_____

□17 ハンバーガー

_____

□18 ペン

_____

□19 ～を傷つける, 痛む

_____

□20 ～をつなぐ

_____

□21 安い

_____

CHECK　前回（929位〜960位）の単語・フレーズを確認しよう！

□22 1日3食食べる

eat three _____ a day

□23 共通語

a _____ language

□24 私は11月の中ごろに京都を訪ねる予定です。

I am going to visit Kyoto in the _____ of _____.

STEP **2** 空らんに日本語の意味を表す英単語を書き, フレーズを完成させよう。

1 クリスマスに

at _____

2 2番目の**角**に

at the second _____

3 10**時**に

at ten _____

4 **桜**の花

_____ blossoms

5 テニスの**試合**

a tennis _____

6 **薬**をのむ

take _____

7 あなた自身の意見**を述べ**たほうがいいです。

You should _____ your own opinion.

8 私はあなたのこと**をとても誇りに思います**。

I **am** so _____ **of** you.

9 彼らはそれを知って**ショックを受けました**。

They **were** _____ to know that.

10 父は屋根の穴**を修理し**ようとしました。

My father tried to _____ the hole in the roof.

11 弟は**太鼓**をたたきました。

My brother played the _____.

12 私**と結婚し**てくれませんか。

Will you _____ me?

13 私たちはきょう, **長距離**をドライブしました。

We have driven **a long** _____ today.

14 このお皿は**安かった**。

This plate **was** _____.

993位▶1000位の 単語　単語を練習しよう。

# 993 **brown** ブラウン[braun]	名 形 茶色(の)	英検 5 CEFR A1			
# 994 **burn** バ〜ン[bəːrn]	動 を燃やす，燃える	英検 準2 CEFR A2			
# 995 ▶つづり◀ **disease** ディズィーズ[dizíːz]	名 病気	英検 準2 CEFR B1			
# 996 **glass** グレァス[glæs]	名 コップ，ガラス	英検 5 CEFR A1			複数形glassesで「めがね」の意味もあるよ。
# 997 ▶つづり◀ **engineer** エンヂニアァ[endʒiníər]	名 技師	英検 準2 CEFR A1			
# 998 **hometown** ホウムタウン[houmtáun]	名 ふるさとの町，故郷	英検 3 CEFR A1			
# 999 **traffic** トレァフィク[træfik]	名 交通	英検 3 CEFR A2			
# 1000 **north** ノース[nɔːrθ]	名 形 北(の)	英検 3 CEFR A2			

解答・解説…別冊解答P.19
正答数…STEP① 　問／10問　STEP② 　問／5問

STEP 1 　空らんに日本語の意味を表す英単語を書こう。

□1　病気

_____

□2　技師

_____

□3　ふるさとの町, 故郷

_____

□4　北(の)

_____

□5　茶色(の)

_____

□6　〜を燃やす, 燃える

_____

CHECK　**前回(961位〜992位)の単語・フレーズを確認しよう!**

□7　強い**風**の中を歩く

walk in the strong _____

□8　**クリスマス**の日に

on _____ Day

□9　その火事でだれも**けがをし**ませんでした。

Nobody was _____ in the fire.

□10　あなたは自分自身**を誇りに思う**べきです。

You should **be** _____ **of** yourself.

STEP 2 　空らんに日本語の意味を表す英単語を書き, フレーズを完成させよう。

□1　**1杯の水**

a _____ **of** water

□2　**交通事故**

a _____ **accident**

□3　私は将来**コンピューター技師**になりたいです。

I want to be a **computer** _____ in the future.

□4　紙はすぐに**燃えます**。

Paper _____ quickly.

□5　**北**の方では, 冬はとても寒い。

In the _____ , it is very cold in winter.

最重要レベル

基本レベル

標準レベル

高得点レベル

超ハイレベル

143

① 次の英文の(　　)内から適する語(句)を選び，記号を○で囲みましょう。　　　[3点×4]

① Would you like a (**ア** cup　　**イ** piece　　**ウ** pair　　**エ** cap) of tea?

② How (**ア** long　　**イ** far　　**ウ** much　　**エ** many) is it from here to the post office?

③ Are you still (**ア** on　　**イ** with　　**ウ** in　　**エ** to) trouble?

④ I'm looking forward (**ア** see　　**イ** to see　　**ウ** seeing　　**エ** to seeing) you soon.

② 次の〔説明〕が示す英語1語を＿＿に書き，英文を完成させましょう。　　　[4点×5]

① In Japan, cherry blossoms are very beautiful at the end of ＿＿＿＿＿＿＿＿＿ .
〔説明〕the third month of the year

② I stayed with my ＿＿＿＿＿＿＿＿＿ last weekend.
〔説明〕the sister of your father or mother

③ If you are ＿＿＿＿＿＿＿＿＿ , I can make you some sandwiches.
〔説明〕feeling that you want to eat something

④ We have six classes on ＿＿＿＿＿＿＿＿＿ .
〔説明〕the day of the week after Monday and before Wednesday

⑤ Mr. Lee will ＿＿＿＿＿＿＿＿＿ to China next month.
〔説明〕to go back from one place to another

③ 次の英文の(　　)内の語を適する形に書きかえましょう。　　　[4点×4]

① Your computer is (heavy) than this black one.　　　＿＿＿＿＿＿＿＿＿

② The (leaf) of the tree were yellow.　　　＿＿＿＿＿＿＿＿＿

③ Ryo (fly) to Toronto yesterday morning.　　　＿＿＿＿＿＿＿＿＿

④ The baby is (cry) for milk.　　　＿＿＿＿＿＿＿＿＿

④ 次の日本文に合う英文になるように，＿＿に適する語を書きましょう。 [5点×4]

① これはだれのギターですか。―― 私のです。

_____ guitar is this? ―― It's _____ .

② マイクによれば，この辺りにはいいレストランがたくさんあるそうです。

_____ _____ Mike, there are a lot of good restaurants around here.

③ 私があなたの写真を撮りましょうか。

_____ _____ take your picture?

④ 生徒の5パーセント未満が徒歩で通学しています。

_____ _____ 5% of the students come to school on foot.

⑤ 次の会話が成り立つように,（　　）内の語(句)を並べかえましょう。 [6点×3]

① A: I (how / energy / know / to / save).
B: Nice! Tell me the easiest way.

I _____ .

② A: What did you learn from the experience?
B: I learned that (efforts / results / leads / making / good / to).

I learned that _____ .

③ A: Can you (the differences / two / these / explain / between / words)?
B: Well, I have no idea.

Can you _____ ?

⑥ 次の日本文を英語に直しましょう。 [7点×2]

① 異文化を尊重することは大切です。

_____

② 空を飛べたらいいのになあ。

_____

CHECK!

まとめてチェック ③ まとめて単語を練習しよう。

曜日を表す語					
Sunday サンデイ[sʌ́ndei]	名 日曜日	英検 5 / CEFR A1			
Monday マンデイ[mʌ́ndei]	名 月曜日	英検 5 / CEFR A1			
Tuesday テューズデイ[tjúːzdei]	名 火曜日	英検 5 / CEFR A1			
Wednesday ウェンズデイ[wénzdei]	名 水曜日	英検 5 / CEFR A1			
Thursday サ〜ズデイ[θə́ːrzdei]	名 木曜日	英検 5 / CEFR A1			
Friday フライデイ[fráidei]	名 金曜日	英検 5 / CEFR A1			
Saturday セァタデイ[sǽtərdei]	名 土曜日	英検 5 / CEFR A1			

月を表す語					
January デェアニュエリ[dʒǽnjueri]	名 1月	英検 5 / CEFR A1			
February フェブルエリ[fébrueri]	名 2月	英検 5 / CEFR A1			
March マーチ[maːrtʃ]	名 3月	英検 5 / CEFR A1			
April エイプリゥ[éiprəl]	名 4月	英検 5 / CEFR A1			
May メイ[mei]	名 5月	英検 5 / CEFR A1			
June デューン[dʒuːn]	名 6月	英検 5 / CEFR A1			
July デュライ[dʒulái]	名 7月	英検 5 / CEFR A1			
August オーガスト[ɔ́ːgəst]	名 8月	英検 5 / CEFR A1			
September セプテンバァ[septémbər]	名 9月	英検 5 / CEFR A1			
October アクトウバァ[ɑktóubər]	名 10月	英検 5 / CEFR A1			
November ノウヴェンバァ[nouvémbər]	名 11月	英検 5 / CEFR A1			
December ディセンバァ[disémbər]	名 12月	英検 5 / CEFR A1			

We've finished half of this book.
（この本の半分まで学習し終えたね。）

高校入試ランク ┃ 1001位 ▶ 1600位

RANK

高得点レベル

この章で学習するのは，都道府県立などの公立高校の共通入試で高得点をねらうための単語です。公立独自入試を受ける人や難関私立・国立をめざす人も学習しておく必要があります。この章に取り組むことで，ほかの受験生と差をつけられます。

1001位 ▶ 1040位の 単語　　単語を練習しよう。

1001	**allow** アラウ[əláu] 発音	動 を許可する	準2 A2			熟 allow ～ to … (～が…するのを許す)
1002	**challenge** チェアリンヂ[tʃǽlindʒ]	名 挑戦 動 (人)に挑戦する	準2 A2			
1003	**choice** チョイス[tʃɔis]	名 選択	準2 A2			
1004	**clear** クリアァ[klíər]	形 明白な, 晴れた	3 A2			
1005	**east** イースト[i:st]	名 形 東(の)	3 A2			
1006	**horse** ホース[hɔːrs] つづり	名 馬	4 A1			
1007	**rainy** レイニ[réini]	形 雨降りの	5 A1			rain(雨)にyがついた形だよ。
1008	**rock** ラーク[rɑk]	名 岩, (音楽の)ロック	4 A2			
1009	**wake** ウェイグ[weik]	動 (wake upで) 目を覚ます, を起こす	4 A1			変 woke - woken
1010	**accident** エアクスィデント[ǽksədənt]	名 事故	3 A2			
1011	**act** エアクト[ækt]	動 行動する 名 行為	3 A2			
1012	**against** アゲンスト[əgénst]	前 ～に反対して, ～に対抗して	4 A2			
1013	**arm** アーム[ɑːrm]	名 腕	4 A1			
1014	**attract** アトレァクト[ətrǽkt]	動 (興味など)を引きつける	準2 B1			
1015	**bright** ブライト[brait] つづり	形 かがやいている, 明るい	3 A1			
1016	**chicken** チキン[tʃíkin]	名 ニワトリ, とり肉	4 A1			
1017	**emergency** イマ～ヂェンスィ[imə́ːrdʒənsi]	名 非常事態	準2 A2			
1018	**fire** ファイアァ[fáiər]	名 火, 火事	4 A1			
1019	**gift** ギフト[gift]	名 贈り物	4 A1			
1020	**invent** インヴェント[invént]	動 を発明する	準2 A2			

# 1021 **moment** モウメント[móumənt]	名 ちょっとの間, 瞬間	英検 4 / CEFR A1			
# 1022 **loss** ロース[lɔːs]	名 失うこと, 喪失（そうしつ）	英検 準2 / CEFR B1			
# 1023 **slow** スロウ[slou]	形 (スピードが) 遅い, ゆっくりした 動 (slow downで)速度を落とす	英検 5 / CEFR A1			
# 1024 **band** ベァンド[bænd]	名 バンド	英検 5 / CEFR A1			
# 1025 **farming** ファーミング[fáːrmiŋ]	名 農業	英検 準2 / CEFR B1			
# 1026 **cafe** キャフェイ[kæféi]	名 カフェ, 喫茶店	英検 4 / CEFR A1		caféと書くこともある。	
# 1027 **conversation** カンヴァセイション[kɑnvərséiʃən]	名 会話	英検 準2 / CEFR A1			
# 1028 **grandpa** グレァンパー[grǽnpɑ:]	名 おじいちゃん	英検 5 / CEFR A1			
# 1029 **interview** インタヴュー[íntərvju:]	名 面接, インタビュー 動 を面接する, にインタビューする	英検 3 / CEFR A1			
# 1030 **jump** チャンプ[dʒʌmp]	動 とぶ, ジャンプする	英検 5 / CEFR B2			
# 1031 **magazine** つづり メァガズィーン[mǽɡəzi:n]	名 雑誌	英検 5 / CEFR A1		最後のeを忘れないでね。	
# 1032 **national** ネァショナゥ[nǽʃənəl]	形 国の, 国民の	英検 3 / CEFR A2			
# 1033 **shrine** シュライン[ʃrain]	名 神社	英検 3			
# 1034 **twelve** つづり トゥエゥヴ[twelv]	名 形 12 (の)	英検 5 / CEFR A1			
# 1035 **bee** ビー[bi:]	名 ミツバチ	英検 準2 / CEFR A1			
# 1036 **terrible** テリボゥ[térəbl]	形 ひどい, おそろしい	英検 3 / CEFR A1			
# 1037 **wonder** ワンダァ[wʌ́ndər]	動 を不思議に思う 名 不思議さ, 驚き	英検 準2 / CEFR B1		熟 I wonder ～ (～かと思う)	
# 1038 **exchange** イクスチェインヂ[ikstʃéindʒ]	名 交換 動 を交換する	英検 3 / CEFR A2			
# 1039 **expression** イクスプレション[ikspréʃən]	名 表現	英検 準2 / CEFR A2			
# 1040 **final** ファイヌゥ[fáinl]	形 最後の	英検 準2 / CEFR A2			

最重要レベル

基本レベル

標準レベル

高得点レベル

超ハイレベル

# 1041 kill キゥ[kil]	動 を殺す	英検 3 CEFR A1			熟 be killed ((事故・戦争などで)死ぬ)
# 1042 speed スピード[spi:d]	名 速度	英検 3 CEFR A2			
# 1043 factory フェアクトリ[fǽktəri]	名 工場	英検 3 CEFR A1			複 factories
# 1044 football フトボーゥ[fútbɔːl]	名 フットボール	英検 5 CEFR A1			
# 1045 post ポウスト[poust]	名 郵便 動 (ネット上に)を掲示する, を投稿する	英検 準2 CEFR A1			アメリカで「郵便は」ふつうmailを使うよ。
# 1046 salad セアラド[sǽləd]	名 サラダ	英検 5 CEFR A1			
# 1047 bank ベアンク[bæŋk]	名 銀行	英検 5 CEFR A1			「(川などの)土手」という意味もあるよ。
# 1048 cloudy クラウディ[kláudi]	形 くもりの	英検 5 CEFR A1			
# 1049 drill ドリゥ[dril]	名 (工具の)ドリル, 訓練	英検 2 CEFR A2			
# 1050 firework ファイアワ〜ク[fáiərwəːrk]	名 花火	英検 3 CEFR B1			ふつうfireworksと複数形で使うよ。
# 1051 matter メアタァ[mǽtər]	名 事がら, 問題	英検 3 CEFR A1			熟 What's the matter? (どうかしたの?)
# 1052 raise レイズ[reiz]	動 を上げる, を育てる	英検 3 CEFR A2			
# 1053 service サ〜ヴィス[sə́:rvis]	名 サービス	英検 3 CEFR B1			
# 1054 successful サクセスフォ[səksésfəl]	形 成功した	英検 準2 CEFR A1			
# 1055 umbrella アンブレラ[ʌmbrélə]	名 かさ	英検 5 CEFR A1			
# 1056 add エアド[æd]	動 を加える	英検 3 CEFR A1			
# 1057 although オーゥゾウ[ɔːlðóu]	接 〜だけれども	英検 3 CEFR A2			
# 1058 average エアヴェリヂ[ǽvəridʒ]	名 平均(値)	英検 準2 CEFR A2			熟 on average (平均して)
# 1059 department ディパートメント[dipáːrtmənt]	名 部門	英検 準2 CEFR B1			
# 1060 experiment イクスペリメント[ikspérəmənt]	名 実験	英検 準2 CEFR B1			

#	見出し語	意味	英検 / CEFR			
1061	**key** キー[kiː]	名 かぎ	英検 4 / CEFR A1			
1062	**material** マテ**ィ**アリアゥ[mətíəriəl]	名 材料, 物質	英検 準2 / CEFR A2			
1063	**straw** ストロー[strɔː]	名 わら, ストロー	英検 準2 / CEFR B1			
1064	**unique** 〈つづり〉 ユー**ニ**ーク[juːníːk]	形 独特の	英検 準2 / CEFR B1			
1065	**accept** アク**セ**プト[əksépt]	動 を受け入れる	英検 準2 / CEFR A2			
1066	**chart** チャート[tʃɑːrt]	名 図表	英検 準2 / CEFR A2			
1067	**chorus** 〈つづり〉 コーラス[kɔ́ːrəs]	名 合唱	英検 3			
1068	**pie** パイ[pai]	名 パイ	英検 5 / CEFR B1			
1069	**chef** シェフ[ʃef]	名 料理長, シェフ	英検 3 / CEFR A2			
1070	**circle** サ〜クゥ[sɔ́ːrkl]	名 円	英検 3 / CEFR A1		動詞で「〜を丸で囲む」という意味もあるよ。	
1071	**damage** デ**ァ**ミヂ[dǽmidʒ]	名 損害 / 動 に損害を与える	英検 2 / CEFR B1			
1072	**drop** ドゥ**ラ**ープ[drɑp]	動 を落とす, 落ちる / 名 しずく	英検 4 / CEFR A2			
1073	**noon** ヌーン[nuːn]	名 正午	英検 5 / CEFR A2			
1074	**aquarium** アク**ウェ**アリアム[əkwéəriəm] 〈発音〉	名 水族館	英検 3			
1075	**athlete** 〈つづり〉 エ**ァ**スリート[ǽθliːt]	名 運動選手	英検 準2 / CEFR A2			
1076	**chopsticks** チャープスティクス[tʃɑ́pstiks]	名 (食事用の)はし	英検 4			
1077	**earthquake** 〈つづり〉 ア〜スクウェイク[ɔ́ːrθkweik]	名 地震	英検 準2 / CEFR A2			
1078	**education** エヂュ**ケ**イション[edʒukéiʃən]	名 教育	英検 準2 / CEFR A2			
1079	**oil** オイゥ[ɔil]	名 油, 石油	英検 準2 / CEFR A2			
1080	**pencil** ペンスゥ[pénsl]	名 えんぴつ	英検 5 / CEFR A1			

最重要レベル

基本レベル

標準レベル

高得点レベル

超ハイレベル

1081位 ▶ 1120位 の 単語　｜ 単語を練習しよう。

#	見出し語	品詞・意味	英検/CEFR			補足
1081	**racket** レァキト[rǽkit]	名 ラケット	英検 5 CEFR A2			
1082	**solar** ソウラァ[sóulər]	形 太陽の	英検 2 CEFR B2			
1083	**curry** カ～リ[kə́:ri]	名 カレー	英検 5 CEFR A2			
1084	**effect** イフェクト[ifékt]	名 影響, 効果	英検 準2 CEFR A2			
1085	**positive** パーズィティヴ[pázətiv]	形 前向きな, 肯定的な	英検 準2 CEFR B1			比 more ~ - most ~
1086	**professional** ◀つづり プロフェショナゥ[prəféʃənəl]	形 プロの, 専門的な	英検 4 CEFR A2			
1087	**speaker** スピーカァ[spí:kər]	名 話す人, 演説者	英検 準2 CEFR A2			
1088	**weak** ◀つづり ウィーク[wi:k]	形 弱い	英検 3 CEFR A2			
1089	**decrease** ディクリース[dikrí:s]	動 減る, を減らす	英検 準2 CEFR B1			
1090	**funny** ◀つづり ファニ[fʌ́ni]	形 おかしな, おもしろい	英検 4 CEFR A1			比 funnier - funniest
1091	**original** オリヂナゥ[ərídʒənəl]	形 もとの, 独創的な	英検 準2 CEFR A2			
1092	**potato** ポテイトウ[pətéitou]	名 じゃがいも	英検 5 CEFR A1			複 potatoes
1093	**push** プシュ[puʃ]	動 を押す	英検 3 CEFR B1			
1094	**ship** シプ[ʃip]	名 船	英検 5 CEFR A1			
1095	**symbol** ◀つづり スィンボゥ[símbəl]	名 象徴	英検 3 CEFR A2			
1096	**toward** トード[tɔ́:rd]	前 ～の方へ	英検 準2 CEFR A2			
1097	**wife** ワイフ[waif]	名 妻	英検 4 CEFR A1			複 wives
1098	**banana** バネァナ[bənǽnə]	名 バナナ	英検 5 CEFR A1			
1099	**cafeteria** キャフェティァリア[kæfətíəriə]	名 カフェテリア, (学校の)食堂	英検 5 CEFR A2			
1100	**convenient** コンヴィーニェント[kənví:njənt]	形 便利な	英検 準2 CEFR A2			

#	見出し語	意味	英検 / CEFR			メモ
1101	**discover** ディスカヴァァ[diskʌ́vər]	動 を発見する	準2 / A2			
1102	**herself** ハセゥフ[hərsélf]	代 彼女自身	3 / A2			
1103	**hide** ハイド[haid]	動 をかくす，かくれる	準2 / A1			過 hid - hidden / hid
1104	**movement** ムーヴメント[múːvmənt]	名 動き，(社会的な)運動	準2 / B1			
1105	**Spanish** スペアニシュ[spǽniʃ]	形 スペインの 名 スペイン語	4 / CEFR			
1106	**bite** バイト[bait]	動 をかむ 名 一口(分)，かむこと	準2 / A2			過 bit - bitten
1107	**bye** バイ[bai]	間 さようなら	5 / A1			
1108	**cousin** カズン[kʌ́zn] 発音	名 いとこ	4 / A1			
1109	**either** イーザァ[íːðər]	副 ～もまた(…ない)	3 / A1			否定文で「～も(…ない)」というときに使うよ。
1110	**importance** インポータンス[impɔ́ːrtəns]	名 重要性	準2 / A2			
1111	**injure** インヂャァ[índʒər] 発音	動 を傷つける	準2 / A2			
1112	**lady** レイディ[léidi]	名 女の人	5 / A1			womanのていねいな言い方だよ。
1113	**list** リスト[list]	名 リスト	3 / A1			
1114	**planet** プレアニト[plǽnit]	名 惑星	3 / A2			地球や火星，木星など，太陽のまわりを回っている星のことだよ。
1115	**population** パピュレイション[pɑpjuléiʃən]	名 人口	準2 / A2			
1116	**role** ロウゥ[roul]	名 役割，役	準2 / A1			
1117	**singer** スィンガァ[síŋər]	名 歌手	5 / A1			
1118	**active** エアクティヴ[ǽktiv]	形 活動的な	準2 / B1			比 more ～ - most ～
1119	**bamboo** ベアンブー[bæmbúː]	名 竹	準2			
1120	**decision** ディスィジョン[disíʒən]	名 決定，決心	準2 / B1			

最重要レベル / 基本レベル / 標準レベル / 高得点レベル / 超ハイレベル

153

1121位 ▶ 1160位の 単語 　単語を練習しよう。

#	単語		品詞・意味	英検				備考
1121	**fourth** フォース[fɔ:rθ]		名 形 4番目（の）	5				
1122	**lie** ライ[lai]	つづり	動 横になる 名 うそ	2 CEFR B1				つづり 過 lay - lain ing形 lying
1123	**rabbit** レァビト[rǽbit]		名 ウサギ	5 CEFR A1				
1124	**sightseeing** サイトスィーイング[sáitsi:iŋ]	つづり	名 観光	3 CEFR A2				
1125	**wide** ワイド[waid]		形 （幅が）広い， 幅がある	3 CEFR A2				
1126	**Asia** エイジャ[éiʒə]	発音	名 アジア	3				
1127	**beginning** ビギニング[bigíniŋ]	つづり	名 初め，始まり	準2 CEFR A2				
1128	**deep** ディープ[di:p]		形 深い 副 深く	3 CEFR B2				
1129	**fifth** フィフス[fifθ]		名 形 5番目（の）	5 CEFR B1				
1130	**law** ロー[lɔ:]	発音	名 法律	2 CEFR A2				
1131	**stair** ステアァ[steər]	つづり	名 （複数形で）階段	準2 CEFR A2				
1132	**chemical** ケミカゥ[kémikəl]	つづり	形 化学の 名 （複数形で） 化学薬品	準2 CEFR A2				
1133	**global** グロウバゥ[glóubəl]		形 地球規模の	準2 CEFR B1				
1134	**heat** ヒート[hi:t]		名 熱 動 を温める	準2 CEFR A2				
1135	**prefecture** プリーフェクチャァ[prí:fektʃər]		名 県	準2				
1136	**soil** ソイゥ[sɔil]		名 土壌	2 CEFR B2				
1137	**tower** タウアァ[táuər]	発音	名 塔，タワー	準2 CEFR A1				
1138	**ALT** エイエゥティー[éieltí:]		名 外国語指導助手					
1139	**Brazil** ブラズィゥ[brəzil]		名 ブラジル	5				
1140	**cost** コースト[kɔ:st]		動 （人に）（費用）が かかる 名 費用	3 CEFR A2				過 cost - cost

# 1141 disappear ディサピアァ[dìsəpíər]	動	見えなくなる, 姿を消す	英検 準2 CEFR A2			
# 1142 electric イレクトリク[iléktrik]	形	電気の	英検 準2 CEFR A2			
# 1143 scared スケアド[skeərd] 発音	形	こわがった	英検 3 CEFR B1			
# 1144 serve サ〜ヴ[sə:rv]	動	(食事)を出す, (人)に給仕する	英検 3 CEFR A2			
# 1145 anymore エニモーァ[enimɔ́:r]	副	(否定文で) もう, いまは	英検 3 CEFR A2			
# 1146 bear ベアァ[beər] つづり	名	クマ	英検 3 CEFR A1			
# 1147 exactly イグゼアクトリ[igzǽktli]	副	正確に, まさに	英検 準2 CEFR A2			
# 1148 friendship フレンドシプ[fréndʃip]	名	友情	英検 準2 CEFR A2			
# 1149 happiness ヘァピニス[hǽpinis]	名	幸福	英検 3 CEFR A2			
# 1150 mouth マウス[mauθ] 発音	名	口	英検 5 CEFR A1			
# 1151 shout シャウト[ʃaut] つづり	動	(と)さけぶ	英検 3 CEFR A2			
# 1152 statue ステァチュー[stǽtʃu:]	名	像	英検 3 CEFR A2			
# 1153 appear アピアァ[əpíər]	動	現れる	英検 準2 CEFR A2			
# 1154 bath ベァス[bæθ]	名	ふろ	英検 5 CEFR A1			
# 1155 ceremony セレモウニ[sérəmouni]	名	儀式	英検 4 CEFR B1			
# 1156 hobby ハービ[hábi]	名	趣味	英検 4 CEFR A1			複 hobbies
# 1157 menu メニュー[ménju:]	名	メニュー	英検 4 CEFR A2			
# 1158 note ノウト[nout]	名	メモ, 覚え書き	英検 準2 CEFR A1			
# 1159 pretty プリティ[príti]	形 副	かわいらしい, きれいな かなり	英検 5 CEFR A1			比 prettier - prettiest
# 1160 audience オーディエンス[ɔ́:diəns] 発音	名	聴衆, 観衆	英検 準2 CEFR A2			

1161位 ▶ 1200位の 単語　　単語を練習しよう。

1161	**depend** ディペンド[dipénd]		動 頼る	準2 A2			熟 depend on ～ (～に頼る,～次第である)
1162	**foreigner** フォーリナァ[fɔ́:rinər]	発音	名 外国人	A1			「よそ者」という ニュアンスが あるので注意。
1163	**husband** ハズバンド[hʌ́zbənd]	つづり	名 夫	4 A1			
1164	**Italy** イタリ[ítəli]		名 イタリア	4			
1165	**king** キング[kiŋ]		名 王	3 A1			
1166	**Korea** コリーア[kərí:ə]		名 韓国・朝鮮	3			
1167	**Korean** コリーアン[kərí:ən]		形 韓国・朝鮮の 名 韓国・朝鮮語	3			
1168	**round** ラウンド[raund]		形 丸い, 一周の	準2 B1			
1169	**search** サ～チ[sə:rtʃ]		動 さがす, を検索する	準2 A2			
1170	**wheelchair** ヮウィーゥチェアァ[hwí:ltʃeər]		名 車いす	準2 A2			
1171	**blossom** ブラーサム[blásəm]		名 (果実のなる木の) 花	準2 B2			
1172	**coach** コウチ[koutʃ]	つづり	名 コーチ	3 A1			
1173	**dolphin** ダーゥフィン[dálfin]		名 イルカ	4 B1			
1174	**ear** イアァ[iər]		名 耳	3 A1			
1175	**graduate** グレアヂュエイト[grǽdʒueit]		動 卒業する	3 B1			
1176	**grandparent** グレアンペアレント[grǽndpeərənt]		名 祖父, 祖母	4 A1			
1177	**pool** プーゥ[pu:l]		名 プール	5 A1			
1178	**pull** プゥ[pul]		動 を引く, を引っ張る	3 A2			
1179	**shy** シャイ[ʃai]	つづり	形 恥ずかしがりの	3 A1			
1180	**survey** 動 サヴェイ[sərvéi]　名 サ～ヴェイ[sə́:rvei]		動 を調査する 名 調査	2 A1			

1181	tear ティァァ[tiər] 発音	名 (ふつう複数形で) 涙	英検 準2 CEFR A2				
1182	clerk クラ〜ク[kləːrk]	名 店員	英検 4 CEFR A2				
1183	digital ディデトゥ[dídʒitl]	形 デジタルの	英検 準2 CEFR B1				
1184	everybody エヴリバーディ[évribɑdi]	代 だれでも, みんな	英検 3 CEFR A1				単数扱いをする ことに注意。
1185	hat ヘァト[hæt]	名 ぼうし	英検 5 CEFR A1				
1186	market マーキト[máːrkit]	名 市場	英検 3 CEFR A2				
1187	powerful パウアフォ[páuərfəl]	形 力強い	英検 準2 CEFR A2				
1188	taxi テァクスィ[tæksi]	名 タクシー	英検 3 CEFR A1				
1189	quite クワイト[kwait]	副 かなり, まったく	英検 3 CEFR A2				
1190	sale セイゥ[seil]	名 販売, セール	英検 4 CEFR A1				
1191	sense センス[sens]	名 感覚, センス	英検 2 CEFR A2				
1192	species スピーシーズ[spíːʃiːz]	名 (生物の)種	英検 準2 CEFR B2				複数形は単数形 と同じ形だよ。
1193	survive サヴァイヴ[sərváiv]	動 生き残る	英検 準2 CEFR A2				
1194	attack アテァク[ətǽk]	動 を攻撃する 名 攻撃	英検 4 CEFR A2				
1195	celebrate セレブレイト[séləbreit]	動 を祝う	英検 3 CEFR A1				
1196	cheer チアァ[tʃiər]	動 を元気づける	英検 3 CEFR A2				熟 cheer ～ up (～を元気づける)
1197	entrance エントランス[éntrəns]	名 入り口, 入ること	英検 3 CEFR A2				
1198	form フォーム[fɔːrm]	名 形, 形態 動 を形づくる	英検 準2 CEFR A1				
1199	nobody ノウバーディ[nóubɑdi]	代 だれも～ない	英検 準2 CEFR A2				単数扱いをする ことに注意。
1200	purpose パ〜パス[pɔ́ːrpəs] 発音	名 目的	英検 準2 CEFR A2				

1201 位 ▶ 1240 位 の 単語　単語を練習しよう。

# 1201				英検			
sleepy　スリーピ[slí:pi]		形 眠い		5 / CEFR / A2			
# 1202 **treasure**　トレジャァ[tréʒər] （つづり）（発音）		名 宝物		英検 2 / CEFR / A2			つづりと発音に注意!
# 1203 **bench**　ベンチ[bentʃ]		名 ベンチ		英検 5 / CEFR / A2			
# 1204 **desert**　デザァト[dézərt] （発音）		名 砂漠		英検 準2 / CEFR / A2			食後の「デザート」はdessertだよ。間違えないでね。
# 1205 **huge**　ヒューヂ[hju:dʒ]		形 巨大な		英検 準2 / CEFR / B1			
# 1206 **mall**　モーゥ[mɔ:l]		名 ショッピングモール		英検 4 / CEFR / A2			
# 1207 **musician**　ミューズィシャン[mju:zíʃən]		名 音楽家,ミュージシャン		英検 3 / CEFR / A1			
# 1208 **sentence**　センテンス[séntəns]		名 文		英検 3 / CEFR / A1			
# 1209 **user**　ユーザァ[jú:zər]		名 使用者		英検 準2 / CEFR / B2			
# 1210 **costume**　カーステューム[kástju:m]		名 服装, 衣装		英検 3 / CEFR / B2			
# 1211 **count**　カウント[kaunt]		動 を数える		英検 2 / CEFR / B1			
# 1212 **flight**　フライト[flait] （つづり）		名 飛行,飛行機の便		英検 準2 / CEFR / A2			
# 1213 **Germany**　チャ〜マニ[dʒə́:rməni]		名 ドイツ		英検 3			
# 1214 **hill**　ヒゥ[hil]		名 丘		英検 3 / CEFR / A1			
# 1215 **image**　イミヂ[imidʒ] （発音）		名 イメージ, 画像		英検 準2 / CEFR / A2			
# 1216 **loud**　ラウド[laud] （つづり）		形 (声などが)大きい		英検 3 / CEFR / B1			
# 1217 **medical**　メディカゥ[médikəl]		形 医学の		英検 準2 / CEFR / A2			
# 1218 **neighbor**　ネイバァ[néibər] （つづり）		名 隣人, 近所の人		英検 2 / CEFR / A1			
# 1219 **cheese**　チーズ[tʃi:z]		名 チーズ		英検 5 / CEFR / A1			
# 1220 **clearly**　クリアリ[klíərli]		副 はっきりと		英検 3 / CEFR / A2			比 more 〜 - most 〜

1221	comfortable カンフォタボゥ[kʌ́mfərtəbl]	形 心地よい	準2 / A2			比 more ～ - most ～
1222	impossible インパースィボゥ[impásəbl]	形 不可能な	準2 / A2			
1223	jacket ヂェアキット[dʒǽkit]	名 上着, ジャケット	5 / A1			
1224	actor エアクタァ[ǽktər]	名 俳優	4 / A1			
1225	include インクルード[inklú:d]	動 を含む	準2 / A2			
1226	New Zealand ニュー ズィーランド[njuː zíːlənd]	名 ニュージーランド	3			
1227	operation アペレイション[ɑpəréiʃən]	名 手術, 操作	2 / B1			
1228	pattern ペァタン[pǽtərn] 発音	名 もよう, パターン, 傾向	2 / B1			
1229	Singapore スィンガポーァ[síŋgəpɔːr]	名 シンガポール	3			
1230	west ウェスト[west]	名 形 西(の)	5 / A2			
1231	ability アビリティ[əbíləti]	名 能力	準2 / A2			
1232	addition アディション[ədíʃən]	名 追加	準2 / A2			
1233	anywhere エニゥウェアァ[énihweər]	副 (肯定文で)どこへでも (否定文で)どこにも(～ない) (疑問文で)どこかに	4 / A2			
1234	belong ビローング[bilɔ́ːŋ]	動 所属する	準2 / A2			熟 belong to ～ (～に所属する, ～のものである)
1235	captain キャプティン[kǽptin]	名 キャプテン, 船長	準2 / A2			
1236	crowded クラーウデイド[kráudid]	形 こみ合った	準2 / A2			
1237	dancer デアンサァ[dǽnsər]	名 踊る人, ダンサー	5 / A2			
1238	dead デード[ded] つづり	形 死んでいる	準2 / A2			
1239	dress ドレス[dres]	名 ドレス, 服 動 に服を着せる	4 / A1			
1240	eighteen エイティーン[eitíːn]	名 形 18(の)	5 / A1			

最重要レベル / 基本レベル / 標準レベル / 高得点レベル / 超ハイレベル

1241位 ▶ 1280位の 単語　単語を練習しよう。

#	単語	品詞・意味	英検/CEFR			備考
1241	**England** イングランド[íŋglənd]	名 イングランド	3			イギリスの中心となる地方だよ。
1242	**exam** イグゼァム[igzǽm] 【つづり】	名 試験	英検 5 CEFR A2			examinationの略だよ。
1243	**fill** フィッ[fil]	動 を満たす	英検 3 CEFR A1			
1244	**forever** フォレヴァァ[fərévər]	副 永遠に	英検 準2 CEFR A2			
1245	**gas** ギャス[gæs]	名 ガス, 気体, ガソリン	英検 5 CEFR A2			
1246	**instrument** インストルメント[ínstrəmənt]	名 楽器	英検 4 CEFR A2			
1247	**perhaps** パヘァプス[pərhǽps]	副 もしかしたら (～かもしれない)	英検 準2 CEFR A2			
1248	**plate** プレイト[pleit]	名 (浅い)皿, 板	英検 5 CEFR A2			dishは深い盛り皿で, plateは取り皿。
1249	**repeat** リピート[ripíːt]	動 をくり返す	英検 3 CEFR A1			
1250	**resource** リーソース[ríːsɔːrs]	名 (複数形で)資源	英検 準2 CEFR B1			
1251	**shake** シェイク[ʃeik]	動 を振る	英検 3 CEFR A1			過 shook - shaken
1252	**solution** ソルーション[səlúːʃən]	名 解決	英検 2 CEFR A2			
1253	**affect** アフェクト[əfékt]	動 に影響する	英検 準2 CEFR B1			
1254	**coin** コイン[kɔin]	名 硬貨	英検 5 CEFR A2			
1255	**fry** フライ[frai]	動 を油で揚げる 名 (複数形で)フライドポテト	英検 3 CEFR A2			3単現 fries 過 fried
1256	**modern** マーダン[mádərn] 【つづり】【発音】	形 現代の	英検 2 CEFR A2			
1257	**smoke** スモウク[smouk]	名 煙 動 たばこを吸う	英検 準2 CEFR A1			
1258	**rise** ライズ[raiz]	動 上がる, (太陽などが)昇る	英検 3 CEFR B1			過 rose - risen
1259	**compare** コンペアァ[kəmpéər]	動 を比較する	英検 準2 CEFR A2			
1260	**data** デイタ[déitə]	名 データ	英検 準2 CEFR B2			

1261	**finger** フィンガァ[fíŋɡər]	名 (手の)指	英検 5 / CEFR B1			
1262	**fix** フィクス[fíks]	動 を直す, を固定する	英検 3 / CEFR A2			
1263	**guest** ゲスト[ɡest] 〔つづり〕	名 (招待)客	英検 3 / CEFR A1			
1264	**hero** ヒーロウ[hí:rou]	名 英雄, ヒーロー	英検 3 / CEFR A2			
1265	**musical** ミューズィカゥ[mjú:zikəl]	形 音楽の	英検 3 / CEFR A2			
1266	**ordinary** オーディネリ[ɔ́:rdəneri]	形 ふつうの	英検 準2 / CEFR B1			
1267	**personal** パ〜ソナゥ[pɔ́:rsənəl]	形 個人の	英検 準2 / CEFR A1			
1268	**recently** リースントリ[rí:sntli]	副 最近	英検 3 / CEFR A2			
1269	**seventh** セヴンス[sévnθ]	名 形 7番目(の)	英検 5			
1270	**stick** スティク[stik]	名 棒 動 を刺す, くっつく	英検 2 / CEFR B2			活 stuck - stuck
1271	**rose** ロウズ[rouz]	名 バラ	英検 5 / CEFR A1			
1272	**anyway** エニウェイ[éniwei]	副 とにかく	英検 3 / CEFR A2			
1273	**bedroom** ベドルーム[bédru:m]	名 寝室	英検 5 / CEFR A1			
1274	**gold** ゴウゥド[gould]	名 金(きん)	英検 3 / CEFR A1			
1275	**invention** インヴェンション[invénʃən]	名 発明	英検 準2 / CEFR A2			
1276	**knife** ナイフ[naif] 〔つづり〕	名 ナイフ	英検 5 / CEFR A1			kは発音しないよ。
1277	**process** プラーセス[práses]	名 過程	英検 準2 / CEFR B1			「〜を処理する, 〜を加工する」という動詞の意味もあるよ。
1278	**rugby** ラグビ[rʌ́gbi]	名 ラグビー	英検 5 / CEFR A2			
1279	**Spain** スペイン[spein]	名 スペイン	英検 3			
1280	**truck** トラッ[trʌk] 〔つづり〕	名 (乗り物の)トラック	英検 2 / CEFR A1			

最重要レベル

基本レベル

標準レベル

高得点レベル

超ハイレベル

1281	**zebra** ズィーブラ[zíːbrə]	名 シマウマ	英検 3 CEFR B2			
1282	**smart** スマート[smɑːrt]	形 りこうな	英検 3 CEFR A1			
1283	**calligraphy** カリグラフィ[kəlígrəfi]	名 書道				
1284	**dig** ディグ[díg]	動 (を)掘る	英検 準2 CEFR A1			過 dug - dug ing形 digging
1285	**feed** フィード[fíːd]	動 に食べ物を与える	英検 準2 CEFR A1			過 fed - fed
1286	**everywhere** エヴリッウェアァ[évrihweər]	副 どこでも	英検 3 CEFR A1			
1287	**excellent** エクセレント[éksələnt]	形 すばらしい	英検 3 CEFR A1			
1288	**homestay** ホウムステイ[hóumstei]	名 ホームステイ	英検 4			
1289	**hunt** ハント[hʌnt]	動 を狩る	英検 準2 CEFR B1			
1290	**pair** ペアァ[peər] つづり	名 (2つから成るものの)1組	英検 3 CEFR A1			
1291	**Dr.** ダクタァ[dáktər]	名 ~博士, ~医師	英検 4 CEFR A1			
1292	**judge** ヂャヂ[dʒʌdʒ]	動 を判断する 名 裁判官, 審判	英検 3 CEFR B1			
1293	**manager** メァニヂャァ[mǽnidʒər] 発音	名 支配人, 経営者	英検 3 CEFR A2			
1294	**penguin** ペングウィン[péŋgwin]	名 ペンギン	英検 3 CEFR B2			
1295	**picnic** ピクニク[píknik]	名 ピクニック	英検 3 CEFR A1			
1296	**president** プレズィデント[prézədənt]	名 大統領, 社長	英検 3 CEFR B1			
1297	**promise** プラーミス[prámis]	動 (を)約束する 名 約束	英検 3 CEFR A2			
1298	**public** パブリク[pʌ́blik]	形 公共の	英検 3 CEFR B1			
1299	**scary** スケアリィ[skéəri] 発音	形 こわい	英検 3 CEFR B1			
1300	**shelf** シェゥフ[ʃelf]	名 棚	英検 準2 CEFR A1			複 shelves

# 1301 sixth スィクスス[siksθ]	名 形 6番目 (の)	英検 5			
# 1302 total トウトォ[toutl]	形 合計の	英検 3 CEFR B1			
# 1303 bell ベッ[bel]	名 ベル	英検 準2 CEFR A1			
# 1304 coat 発音 コウト[kout]	名 コート	英検 5 CEFR A1			
# 1305 code コウド[koud]	名 コード, 規定	英検 準2 CEFR A1			
# 1306 difficulty ディフィカゥティ[dífikəlti]	名 難しさ, 困難	英検 準2 CEFR A2			
# 1307 dirty つづり ダ〜ティ[dɔ́:rti]	形 汚い	英検 4 CEFR A1			比 dirtier - dirtiest
# 1308 empty エンプティ[émpti]	形 空の から	英検 準2 CEFR A2			
# 1309 fashion ファション[fǽʃən]	名 ファッション, 流行	英検 準2 CEFR A2			
# 1310 gather ギャザァ[gǽðər]	動 を集める, 集まる	英検 準2 CEFR A2			
# 1311 goodbye グッバイ[gudbái]	間 さようなら 名 別れのあいさつ	英検 5			
# 1312 impress インプレス[imprés]	動 に感銘を与える	英検 2 CEFR A2			
# 1313 kindness カインドニス[káindnis]	名 親切さ	英検 準2 CEFR B1			
# 1314 lonely ロウンリ[lóunli]	形 さびしい, 孤独な	英検 準2 CEFR A1			比 lonelier - loneliest
# 1315 mirror つづり ミラァ[mírər]	名 鏡	英検 3 CEFR A2			
# 1316 pleasure 発音 プレジャァ[pléʒər]	名 楽しみ, 喜び	英検 3 CEFR A1			
# 1317 recognize レコグナイズ[rékəgnaiz]	動 を認める, だと気づく	英検 準2 CEFR B1			
# 1318 remove リムーヴ[rimú:v]	動 を取り去る	英検 準2 CEFR B1			
# 1319 seventy セヴンティ[sévnti]	名 形 70 (の)	英検 5 CEFR A1			
# 1320 skate スケイト[skeit]	動 スケートをする	英検 5 CEFR A2			

単語を練習しよう。

# 1321			英検		
surprising	形 驚くべき		準2		
サプライズィング[sərpráiziŋ]			CEFR		
			A2		
# 1322			英検		
above	前 ~の上に		準2		
アバヴ[əbʌ́v] (発音)			CEFR		
			B1		
# 1323			英検		
below	前 ~より下に		準2		
	副 下に		CEFR		
ビロウ[bilóu]			A1		
# 1324			英検		
colorful	形 色彩豊かな		準2		比 more ~ - most ~
			CEFR		
カラフォ[kʌ́lərfəl]			A2		
# 1325			英検		
giant	形 巨大な		準2		
	名 巨人, 大物		CEFR		
ヂャイアント[dʒáiənt]			B1		
# 1326			英検		
item	名 品目, 商品		準2		
アイテム[áitəm] (発音)			CEFR		
			A1		
# 1327			英検		
knowledge (つづり)	名 知識		準2		
ナーリヂ[nάlidʒ]			CEFR		
			A2		
# 1328			英検		
medium	形 (サイズなどが)中くらいの		4		
	名 (おもにmediaの形で)		CEFR		
ミーディアム[míːdiəm]	媒体, メディア		B1		
# 1329			英検		
onion	名 たまねぎ		4		
			CEFR		
アニョン[ʌ́njən] (発音)			A2		
# 1330			英検		
ourselves	代 私たち自身		3		
			CEFR		
アウアセゥヴズ[auərsélvz]			A2		
# 1331			英検		
score	名 得点		準2		
	動 得点する		CEFR		
スコーァ[skɔːr]			B1		
# 1332			英検		
surprise	動 を驚かせる		3		
	名 驚き		CEFR		
サプライズ[sərpráiz]			A1		
# 1333			英検		
trust	動 を信頼する		準2		
			CEFR		
トラスト[trʌst]			B2		
# 1334			英検		
wet	形 ぬれた		3		
			CEFR		
ウェト[wet]			A2		
# 1335			英検		
butterfly	名 チョウ		5		複 butterflies
			CEFR		
バタフライ[bʌ́tərflai]			A1		
# 1336			英検		
cross	動 を横切る		3		
			CEFR		
クロース[krɔːs]			A2		
# 1337			英検		
device	名 装置		2		
			CEFR		
ディヴァイス[diváis]			B1		
# 1338			英検		
dry	形 乾いた, 乾燥した		4		
	動 を乾かす		CEFR		
ドライ[drai]			A1		
# 1339			英検		
expert	名 専門家		準2		
			CEFR		
エクスパート[ékspəːrt]			B2		
# 1340			英検		
furniture	名 家具		準2		数えるときは, a piece of furniture というよ。
			CEFR		
ファ~ニチャァ[fɔ́ːrnitʃər]			A2		

学習日　　月　　日

# 1341 generation デェネレイション[dʒenəréiʃən]	名 世代	英検 準2 CEFR A2			
# 1342 German ヂャ～マン[dʒə́:rmən]	形 ドイツの 名 ドイツ語	英検 準2			
# 1343 least リースト[li:st]	形 最も少ない （littleの最上級）	英検 準2 CEFR B1			little - less - least
# 1344 nose ノウズ[nouz]	名 鼻	英検 3 CEFR A1			
# 1345 officer オーフィサァ[ɔ́:fisər]	名 係官, 警察官	英検 3 CEFR A1			
# 1346 peace ピース[pi:s]	名 平和	英検 3 CEFR A1			
# 1347 quality クワーリティ[kwάləti]	名 質, 品質	英検 準2 CEFR B1			
# 1348 sixty スィクスティ[síksti]	名 形 60（の）	英検 5 CEFR A1			
# 1349 thin スィン[θin]	形 薄い, やせた	英検 3 CEFR A1			
# 1350 western ウェスタン[wéstərn]	形 西の, （Westernで） 西洋の	英検 準2 CEFR B2			
# 1351 African エァフリカン[ǽfrikən]	形 アフリカの	英検 準2			
# 1352 billion ビリョン[bíljən]	名 形 10億（の）	英検 3 CEFR B2			
# 1353 British ブリティシュ[brítiʃ]	形 イギリスの 名 イギリス人	英検 3			
# 1354 charge チャーヂ[tʃɑ́:rdʒ]	名 料金 動 を請求する, を充電する	英検 2 CEFR B1			
# 1355 council カウンスゥ[káunsl]	名 評議会	英検 2 CEFR B1			
# 1356 craft クレァフト[kræft]	名 工芸品	英検 2 CEFR B1			
# 1357 cultural カゥチュラゥ[kʌ́ltʃərəl]	形 文化の, 文化的な	英検 準2 CEFR B1			
# 1358 custom カスタム[kʌ́stəm]	名 （社会の）習慣	英検 準2 CEFR A2			
# 1359 discuss ディスカス[diskʌ́s]	動 について話し合う	英検 2 CEFR A1			
# 1360 environmental インヴァイランメンㇳォ[invairənméntl]	形 環境の	英検 準2 CEFR B1			

最重要レベル

基本レベル

標準レベル

高得点レベル

超ハイレベル

1361位 ▶ 1400位の 単語　単語を練習しよう。

#	単語		意味	英検/CEFR			
# 1361	**figure** フィギュァ[fígjər]		名 図, 形, 数 動 (figure outで) を理解する, がわかる	英検 3 CEFR A2			
# 1362	**mile** マイゥ[mail]		名 マイル (長さの単位)	英検 3 CEFR B1			
# 1363	**pocket** パーキト[pákit]		名 ポケット	英検 5 CEFR A1			
# 1364	**remind** リマインド[rimáind]		動 (人)に 思い出させる	英検 2 CEFR A2			
# 1365	**soldier** ソウゥヂャァ[sóuldʒər]	つづり	名 兵士, 軍人	英検 2 CEFR A2			
# 1366	**square** スクウェアァ[skwéər]		名 四角 形 四角の, 平方の	準2 CEFR A2			「(四角い)広場」という意味もあるよ。
# 1367	**style** スタイゥ[stail]		名 様式, スタイル	準2 CEFR A2			
# 1368	**success** サクセス[səksés]		名 成功	英検 3 CEFR A2			
# 1369	**surf** サ〜ッフ[sə:rf]		動 サーフィンをする, (インターネット)を 見て回る	英検 4 CEFR A1			
# 1370	**thirsty** サ〜スティ[θə́:rsti]	つづり	形 のどのかわいた	英検 4 CEFR A2			
# 1371	**usual** ユージュアゥ[júːʒuəl]		形 いつもの, ふつうの	英検 3 CEFR A2			
# 1372	**wrap** レアプ[ræp]	つづり	動 を包む	準2 CEFR B1			つづりのwを忘れないでね。
# 1373	**bake** ベイク[beik]		動 を(オーブンなどで) 焼く	英検 4 CEFR A2			
# 1374	**creature** クリーチャァ[kríːtʃər]	発音	名 生き物	英検 2 CEFR A2			
# 1375	**daddy** デァディ[dǽdi]		名 (小児語で)パパ	英検 5 CEFR A1			
# 1376	**everyday** エヴリデイ[évridei]		形 毎日の	準2 CEFR A1			
# 1377	**heritage** ヘリティヂ[hérətidʒ]		名 遺産	英検 2 CEFR B2			
# 1378	**hurry** ハ〜リ[hə́:ri]	つづり	動 急ぐ, 急いで行く 名 急ぎ	英検 4 CEFR A1			3単現 hurries 過 hurried
# 1379	**monkey** マンキ[máŋki]	発音	名 サル	英検 5 CEFR A1			
# 1380	**single** スィンゴゥ[síŋgl]		形 たった1つの	英検 3 CEFR A2			

#	見出し語	意味	英検 / CEFR
1381	soft ソフト[sɔːft]	形 やわらかい	5 / A2
1382	Turkey ター〜キ[tə́ːrki] つづり	名 トルコ	3 / A1
1383	eco-friendly イーコウフレンドリィ[íːkou fréndli]	形 環境にやさしい	2
1384	asleep アスリープ[əslíːp]	形 眠って	3 / A2
1385	bit ビト[bit]	名 少量, かけら	準2 / A2
1386	boring ボーリング[bɔ́ːriŋ]	形 退屈な	3 / A1
1387	certainly サ〜トンリ[sə́ːrtnli] つづり	副 確かに	3 / A2
1388	fair フェアァ[feər] つづり	形 公平な, フェアな	準2 / A1
1389	fiction フィクション[fíkʃən]	名 小説, フィクション	準2 / A2
1390	film フィゥム[film]	名 映画, (写真の)フィルム	3 / A2
1391	method メソド[méθəd]	名 方法	準2 / A2
1392	ours アウアァズ[áuərz]	代 私たちのもの	5 / A1
1393	P.E. ピーイー[píːíː]	名 体育	5
1394	quietly クワイエトリ[kwáiətli]	副 静かに	準2 / A2
1395	recommend レコメンド[rèkəménd]	動 を勧める	準2 / B1
1396	seventeen セヴンティーン[sevntíːn]	名 形 17(の)	5 / A1
1397	shelter シェゥタァ[ʃéltər]	名 避難所	2 / B1
1398	value ヴェァリュー[vǽljuː]	名 価値	2 / A2
1399	brush ブラッシュ[brʌʃ] つづり	名 ブラシ, 筆 動 をブラシでみがく	5 / A1
1400	candy ケァンディ[kǽndi]	名 キャンディー	5 / A1

最重要レベル / 基本レベル / 標準レベル / 高得点レベル / 超ハイレベル

1401	**courage** ◀つづり カ～リヂ[kə́ːridʒ]		名 勇気	英検 2 CEFR B1			
1402	**designer** ディザイナァ[dizáinər]		名 デザイナー, 設計技師	英検 準2 CEFR B2			
1403	**direction** ディレクション[dirékʃən]		名 方向, 指示	英検 準2 CEFR A2			
1404	**exhibition** エクスィビション[eksəbíʃən] 発音		名 展覧会	英検 準2 CEFR A2			
1405	**fail** フェイゥ[feil]		動 失敗する	英検 準2 CEFR A2			
1406	**force** フォース[fɔːrs]		動 に強制する 名 力	英検 2 CEFR A2			
1407	**hang** ヘアング[hæŋ]		動 を掛ける, ぶら下がる	英検 3 CEFR B2			過 hung - hung
1408	**kick** キゥ[kik]		動 をける	英検 3 CEFR A1			
1409	**monument** マニュメント[mánjəmənt]		名 記念碑	英検 2 CEFR B1			
1410	**nest** ネスト[nest]		名 巣	英検 準2			
1411	**silent** サイレント[sáilənt]		形 静かな	英検 4 CEFR B1			
1412	**tradition** トラディション[trədíʃən]		名 伝統	英検 3 CEFR A2			
1413	**training** トレイニング[tréiniŋ]		名 訓練	英検 準2 CEFR A2			
1414	**destroy** ディストローイ[distrɔ́i]		動 を破壊する	英検 準2 CEFR A2			
1415	**fourteen** フォーティーン[fɔːrtíːn]		名 形 14(の)	英検 5 CEFR A1			
1416	**laughter** レァフタァ[lǽftər] 発音		名 笑い	英検 準2 CEFR B1			
1417	**mouse** ◀つづり マウス[maus]		名 ネズミ	英検 3 CEFR A1			複 mice
1418	**muscle** マスゥ[mʌ́sl] 発音		名 筋肉	英検 準2 CEFR B1			
1419	**negative** ネガティヴ[négətiv]		形 否定的な, 消極的な	英検 準2 CEFR A2			
1420	**pink** ピンク[piŋk]		名 形 ピンク色(の)	英検 5 CEFR A1			

学習日　　月　　日

# 1421 reply リプ**ライ**[riplái]	動 返事をする 名 返事	英検 準2 CEFR A2			3単現 複 replies 過 replied
# 1422 screen スク**リーン**[skrí:n]	名 （パソコンなどの）画面, スクリーン	英検 準2 CEFR A2			
# 1423 seed ス**ィード**[sí:d]	名 種	英検 2 CEFR A2			
# 1424 spot ス**パート**[spɑt]	名 場所	英検 準2 CEFR A1			
# 1425 tiger **タイ**ガァ[táigər]	名 トラ	英検 3 CEFR A1			
# 1426 title **タイ**トゥ[táitl]	名 題名, タイトル	英検 準2 CEFR A2			
# 1427 ton **タン**[tʌn]	名 トン（重さの単位）	英検 2 CEFR B2			1トンは1000kgだよ。
# 1428 towel **ダ**ウエッ[táuəl]	名 タオル	英検 4 CEFR A1			
# 1429 vote **ヴォ**ウト[vout]	動 投票する	英検 2 CEFR A1			
# 1430 winner **ウィ**ナァ[wínər]	名 勝者	英検 3 CEFR A2			
# 1431 ancient **エ**インシェント[éinʃənt]	形 古代の	英検 準2 CEFR A2			
# 1432 citizen ス**ィ**ティズン[sítəzn]	名 市民	英検 2 CEFR A2			
# 1433 degree ディグ**リー**[digrí:]	名 （温度などの）度, 程度	英検 準2 CEFR A2			
# 1434 deliver ディ**リ**ヴァ[dilívər]	動 を届ける, 配達する	英検 準2 CEFR B1			
# 1435 diary **ダイ**アリ[dáiəri]	名 日記	英検 5 CEFR A2			
# 1436 effective イフェ**ク**ティヴ[iféktiv]	形 効果的な	英検 2 CEFR B1			
# 1437 including インク**ルー**ディング[inklú:diŋ]	前 ～を含めて	英検 準2 CEFR B1			
# 1438 jogging **チャ**ギング[dʒágiŋ]	名 ジョギング	英検 5 CEFR B2			
# 1439 pack **ペア**ク[pæk]	名 パック 動 に荷物をつめる	英検 準2 CEFR A2			
# 1440 passenger **ペア**センヂァ[pǽsəndʒər]	名 乗客	英検 準2 CEFR A2			

最重要レベル

基本レベル

標準レベル

高得点レベル

超ハイレベル

#	単語		意味	英検 / CEFR			メモ
1441	**per** パァ[pər]		前 ～につき	準2 / B1			
1442	**pop** パープ[pɑp]		形 大衆向けの	4 / A1			popularを短縮した形。
1443	**relate** リレイト[riléit]		動 を関係づける	準2 / B1			
1444	**shoulder** ショウゥダァ[ʃóuldər]	つづり	名 肩	5 / A1			
1445	**shower** シャウアァ[ʃáuər]		名 シャワー，にわか雨	4 / A1			
1446	**thirteen** サ～ティーン[θəːrtíːn]		名 形 13（の）	5 / A1			
1447	**track** トレァク[træk]		名 線路，(競技場の)トラック	2 / A2			乗り物の「トラック」はtruck。
1448	**cancer** キャンサァ[kǽnsər]		名 がん	準2 / B1			
1449	**career** カリアァ[kəríər]		名 職業，仕事	準2 / B1			長期または一生続ける職業のこと。
1450	**church** チャ～チ[tʃəːrtʃ]		名 教会	3 / A1			
1451	**danger** デインヂャァ[déindʒər]	発音	名 危険	準2 / A2			
1452	**dessert** ディザ～ト[dizə́ːrt]	発音	名 デザート	5 / A2			
1453	**eighty** エイティ[éiti]		名 形 80（の）	5 / A1			
1454	**fossil** ファースィゥ[fásəl]		名 化石	2			
1455	**grass** グレァス[græs]	つづり	名 草	準2 / A1			rをlと間違えないように！ glassだと「コップ，ガラス」の意味。
1456	**mix** ミクス[miks]		動 を混ぜる	3 / B2			
1457	**neighborhood** ネイバフド[néibərhud]	つづり	名 近所，地域	準2 / B1			
1458	**print** プリント[print]		動 を印刷する 名 印刷	3 / B1			
1459	**pumpkin** パンプキン[pʌ́mpkin]		名 カボチャ	5 / B2			
1460	**radio** レイディオウ[réidiou]	発音	名 ラジオ	4 / A1			「ラジオ」とは発音しないよ。

# 1461 route ルート[ru:t]	名 道筋, ルート	英検 準2 CEFR B2			
# 1462 safety セイフティ[séifti]	名 安全	英検 3 CEFR B1			
# 1463 stamp ステアンプ[stæmp]	名 切手	英検 4 CEFR A2			
# 1464 telephone テレフォウン[téləfoun]	名 電話	英検 5 CEFR A1			phone(電話)は telephoneを 短縮した形だよ。
# 1465 ant エアント[ænt]	名 アリ	英検 準2 CEFR B1			
# 1466 Asian エイジャン[éiʒən] 発音	形 アジアの	英検 3 CEFR			
# 1467 beside ビサイド[bisáid]	前 ～のそばに, ～のとなりに	英検 3 CEFR A1			
# 1468 central セントラゥ[séntrəl]	形 中心の	英検 準2 CEFR B1			
# 1469 cheerful チアフゥ[tʃíərfəl]	形 (人が)明るい	英検 2 CEFR B1			
# 1470 childhood チャイゥドフド[tʃáildhud]	名 子ども時代	英検 2 CEFR A2			
# 1471 competition カンペティション[kɑmpətíʃən]	名 競争, コンクール	英検 2 CEFR A2			
# 1472 doll ダーゥ[dɑl]	名 人形	英検 5 CEFR A1			
# 1473 focus フォウカス[fóukəs]	動 (注意)を 集中する	英検 2 CEFR B2			
# 1474 gesture ヂェスチャァ[dʒéstʃər]	名 身ぶり, ジェスチャー	英検 準2 CEFR B1			
# 1475 ninth つづり ナインス[nainθ]	名 形 9番目(の)	英検 5 CEFR			×ninethと書かな いように注意!
# 1476 object アーブヂェクト[ábdʒikt]	名 物体	英検 準2 CEFR B1			
# 1477 panel ペアネゥ[pǽnəl]	名 パネル	英検 2 CEFR B2			
# 1478 photographer フォターグラファァ[fətágrəfər]	名 写真家	英検 3 CEFR A2			
# 1479 roof ルーフ[ru:f]	名 屋根	英検 準2 CEFR A2			
# 1480 safely セイフリ[séifli]	副 安全に	英検 3 CEFR B1			

最重要レベル

基本レベル

標準レベル

高得点レベル

超ハイレベル

#1481	**Thailand** ターイレァンド [táilænd]	つづり	名 タイ	英検 3			
#1482	**thick** スィク [θik]		形 厚い	英検 3 / CEFR A1			
#1483	**translate** トレァンスレイト [trænsleit]		動 を翻訳する	英検 準2 / CEFR B1			
#1484	**wing** ウィング [wiŋ]		名 つばさ	英検 3 / CEFR B1			
#1485	**zero** ズィロウ [zírou]		名 ゼロ 0	英検 5			電話番号や番地の「0」は, [オウ]と読むことが多いよ。
#1486	**airplane** エアプレイン [éərplein]		名 飛行機	英検 4 / CEFR A1			
#1487	**album** エアゥバム [ǽlbəm]		名 アルバム	英検 4 / CEFR A1			
#1488	**badminton** ベァドミントン [bǽdmintn]		名 バドミントン	英検 4 / CEFR A2			
#1489	**bathroom** ベァスルーム [bǽθru:m]		名 浴室, トイレ	英検 5 / CEFR A1			
#1490	**behavior** ビヘイヴァ [bihéivjər]		名 ふるまい, 行動	英検 準2 / CEFR A2			
#1491	**blanket** ブレァンケト [blǽŋkit]		名 毛布	英検 準2 / CEFR A2			
#1492	**blow** ブロウ [blou]		動 (風が) 吹く	英検 2 / CEFR A2			変 blew - blown
#1493	**bone** ボウン [boun]		名 骨	英検 準2 / CEFR A1			
#1494	**bored** ボード [bɔːrd]	発音	形 退屈した	英検 準2 / CEFR A2			
#1495	**delivery** ディリヴァリ [dilívəri]		名 配達	英検 2 / CEFR B1			
#1496	**eighth** エイトス [eitθ]	つづり	名 形 8番目 (の)	英検 5			
#1497	**eleventh** イレヴンス [ilévnθ]		名 形 11番目 (の)	英検 5			
#1498	**European** ユァラピーアン [juərəpí:ən]	つづり	形 ヨーロッパの	英検 3			つづりとともに, 発音にも注意しよう。
#1499	**fever** フィーヴァァ [fíːvər]		名 (病気の) 熱	英検 3 / CEFR A1			
#1500	**hate** ヘイト [heit]		動 が大嫌いだ, をにくむ	英検 3 / CEFR B1			

#	単語	意味	英検/CEFR			備考
1501	**hint** ヒント[hint]	名 ヒント, 暗に示すこと	英検 準2 CEFR B2			
1502	**male** メイゥ[meil]	名 形 男性 (の), (動物の) おす (の)	英検 2 CEFR B1			
1503	**pain** ペイン[pein]	名 痛み	英検 準2 CEFR B1			
1504	**poem** ポウイム[póuim]	名 詩	英検 準2 CEFR A1			
1505	**queen** クウィーン[kwi:n]	名 女王	英検 3 CEFR A2			
1506	**quiz** クウィズ[kwiz]	名 クイズ, 小テスト	英検 3 CEFR A2			複 quizzes
1507	**rainbow** レインボウ[réinbou]	名 虹	英検 3 CEFR B2			
1508	**satellite** セァテライト[sǽtəlait]	名 衛星, 人工衛星	英検 2 CEFR B1			衛星とは, 惑星の まわりを運行する 天体のことだよ。
1509	**senior** (発音) スィーニャ[sí:njər]	形 (年齢や地位が) 上の	英検 準2 CEFR A2			
1510	**shine** シャイン[ʃain]	動 かがやく	英検 準2 CEFR A2			過 shone - shone
1511	**shoot** シュート[ʃu:t]	動 を撃つ, シュートする	英検 準2 CEFR A2			過 shot - shot
1512	**tie** (つづり) タイ[tai]	動 を結ぶ 名 ネクタイ, きずな	英検 準2 CEFR A2			ing形 tying
1513	**tent** テント[tent]	名 テント	英検 4 CEFR B1			
1514	**tenth** テンス[tenθ]	名 形 10番目 (の)	英検 5			
1515	**address** (つづり) アドレス[ədrés]	名 住所, アドレス	英検 4 CEFR A1			
1516	**disappointed** ディサポインティド[disəpóintid]	形 がっかりして	英検 準2 CEFR A2			
1517	**engine** (つづり) エンデン[éndʒin]	名 エンジン	英検 準2 CEFR B1			
1518	**female** フィーメイゥ[fí:meil]	名 形 女性 (の), (動物の) めす (の)	英検 準2 CEFR A2			
1519	**gray** グレイ[grei]	名 形 灰色 (の)	英検 4 CEFR A1			
1520	**honest** (発音) アーニスト[ánist]	形 正直な	英検 準2 CEFR B1			hを発音しない ことに注意！

1521位 ▶ 1560位 の 単語　単語を練習しよう。

1521	**Indian** インディアン[índiən]	形 インドの	英検 3			
1522	**interest** (発音) インタリスト[íntərist]	名 興味 動 に興味を 　起こさせる	英検 3 CEFR A2			
1523	**Italian** イテァリャン[itǽljən]	形 イタリア(人,語)の 名 イタリア語	英検 4			
1524	**itself** イトセゥフ[itsélf]	代 それ自身	英検 3 CEFR A2			
1525	**joy** ヂョイ[dʒɔi]	名 喜び	英検 準2 CEFR A2			
1526	**mathematics** マセマァティクス[mæθəmǽtiks]	名 数学	英検 2 CEFR B1			
1527	**nineteen** ナインティーン[naintíːn]	名 形 19(の)	英検 5 CEFR A1			
1528	**northern** ノーザン[nɔ́ːrðərn]	形 北の	英検 準2 CEFR B1			
1529	**pianist** ピエアニスト[piǽnəst]	名 ピアニスト	英検 5			
1530	**railroad** レイゥロウド[réilroud]	名 鉄道	CEFR B1			
1531	**secret** (つづり) スィークリト[síːkrit]	形 秘密の 名 秘密	英検 3 CEFR B1			
1532	**sixteen** スィクスティーン[sikstíːn]	名 形 16(の)	英検 5 CEFR A1			
1533	**skin** スキン[skin]	名 肌	英検 準2 CEFR B1			
1534	**somewhere** サムフウェアァ[sʌ́mhweər]	副 どこかに	英検 3 CEFR A2			
1535	**sweater** (つづり) (発音) スウェタァ[swétər]	名 セーター	英検 4 CEFR A2			
1536	**twelfth** (つづり) トウェゥフス[twelfθ]	名 形 12番目(の)	英検 5			
1537	**vending machine** ヴェンディング マシーン[véndiŋ məʃíːn]	名 自動販売機	英検 2			
1538	**wallet** ワレト[wúlət]	名 さいふ	英検 4 CEFR A2			
1539	**whale** フウェイゥ[hweil]	名 クジラ	英検 3 CEFR B1			
1540	**apartment** アパートメント[əpáːrtmənt]	名 アパート, マンション	英検 4 CEFR A2			

# 1541 Australian オーストレイリャン[ɔːstréiljən]	形 オーストラリアの	英検 4			
# 1542 beef ビーフ[biːf]	名 牛肉	英検 4 CEFR A1			
# 1543 bomb バーム[bɑm] (発音)	名 爆弾	英検 準2 CEFR B1			最後のbは発音しないよ。
# 1544 calendar (つづり) ケアレンダァ[kǽləndər] (発音)	名 カレンダー	英検 5 CEFR A2			
# 1545 cloud (つづり) クラウド[klaud]	名 雲	英検 4 CEFR A1			
# 1546 comment カーメント[kάment]	名 コメント, 感想	英検 準2 CEFR B1			
# 1547 firefly ファイアァフライ[fáiərflai]	名 ホタル	英検 2			複 fireflies
# 1548 greenhouse グリーンハウス[grí:nhaus]	名 温室	英検 2 CEFR B1			
# 1549 headache (つづり) ヘデイク[hédeik]	名 頭痛	英検 3 CEFR A1			
# 1550 hers ハ〜ズ[həːrz]	代 彼女のもの	英検 5 CEFR A1			
# 1551 homeroom ホウムルーム[hóumru:m]	名 ホームルーム	英検 準2			
# 1552 lend レンド[lend]	動 を貸す	英検 3 CEFR A2			変 lent - lent
# 1553 medal メドゥ[médl]	名 メダル	英検 3 CEFR A2			
# 1554 melt メット[melt]	動 とける	英検 準2 CEFR B1			
# 1555 mystery ミステリ[místəri]	名 不思議	英検 3 CEFR A2			複 mysteries
# 1556 ninety ナインティ[náinti]	名 形 90(の)	英検 5 CEFR A1			
# 1557 passport ペアスポート[pǽspɔ:rt]	名 パスポート	英検 4 CEFR B1			
# 1558 pilot パイロト[páilət]	名 パイロット	英検 4 CEFR A2			
# 1559 production プロダクション[prədʌ́kʃən]	名 生産	英検 3 CEFR A2			
# 1560 professor プロフェサァ[prəfésər]	名 (大学の)教授	英検 準2 CEFR B1			

最重要レベル

基本レベル

標準レベル

高得点レベル

超ハイレベル

1561位 ▶ 1600位 の 単語 単語を練習しよう。

#	単語	意味	英検/CEFR	備考
1561	**provide** プロヴァイド[prəváid]	動 を供給する	英検 準2 / CEFR A2	
1562	**scene** スィーン[siːn] 〈つづり〉	名 場面	英検 3 / CEFR A2	
1563	**sixteenth** スィクスティーンス[sikstíːnθ]	名 形 16番目（の）	英検 5	
1564	**subway** サブウェイ[sábwei]	名 地下鉄	英検 5 / CEFR A1	
1565	**sugar** シュガァ[ʃúgər]	名 砂糖	英検 3 / CEFR A1	
1566	**sustainable** サステイナブ[səstéinəbl]	形 持続可能な	英検 2	
1567	**tablet** テァブレト[tǽblət]	名 タブレット（型コンピューター），錠剤	英検 準2 / CEFR B1	
1568	**twentieth** トウェンティエス[twéntiəθ]	名 形 20番目（の）	英検 5	
1569	**battery** ベァテリ[bǽtəri]	名 電池	英検 準2 / CEFR A2	batteries
1570	**carbon** カーボン[káːrbən]	名 炭素	英検 2 / CEFR B2	
1571	**contact** カーンテァクト[kántækt]	名 つきあい，連絡	英検 3 / CEFR A2	
1572	**death** デス[deθ] 〈つづり〉	名 死	英検 準2 / CEFR A2	
1573	**noise** ノイズ[nɔiz]	名 物音，騒音	英検 3 / CEFR A1	
1574	**noodle** ヌードゥ[núːdl]	名 （ふつう複数形で）めん類	英検 4	
1575	**rate** レイト[reit]	名 割合，率	英検 準2 / CEFR A2	
1576	**scarf** スカーフ[skɑːrf]	名 マフラー，スカーフ	英検 4 / CEFR A2	scarves
1577	**snowy** スノウィ[snóui]	形 雪の降る	英検 5 / CEFR A1	
1578	**theirs** ゼァァズ[ðeərz]	代 彼らのもの，彼女らのもの	英検 5 / CEFR A2	
1579	**weight** ウェイト[weit] 〈つづり〉	名 重さ，体重	英検 準2 / CEFR A2	ghは発音しないよ。
1580	**blind** ブラインド[blaind]	形 目の見えない	英検 3 / CEFR B1	

1581	**board** つづり ボード[bɔːrd]	名 板, 黒板	英検 2 CEFR A1			
1582	**cellphone** セッフォウン[sélfoun]	名 携帯電話	英検 4			
1583	**cent** セント[sent]	名 セント (1ドルの100分の1)	英検 5 CEFR A2			
1584	**clever** クレヴァァ[klévər]	形 りこうな	英検 3 CEFR A1			
1585	**fifteenth** フィフティーンス[fiftíːnθ]	名 形 15番目 (の)	英検 5			
1586	**freely** フリーリィ[fríːli]	副 自由に	英検 準2 CEFR B1			
1587	**import** インポート[impɔ́ːrt]	動 を輸入する	英検 準2 CEFR B2			
1588	**jam** ヂェアム[dʒæm]	名 ジャム, 渋滞	英検 2 CEFR A2			
1589	**mark** マーク[mɑːrk]	名 印 動 に印をつける	英検 3 CEFR A2			
1590	**nineteenth** ナインティーンス[naintíːnθ]	名 形 19番目 (の)	英検 5			
1591	**Paralympic** パラリンピク[pærəlímpik]	形 パラリンピックの 名 (the Paralympicsで) パラリンピック大会				
1592	**parking** パーキング[pɑ́ːrkiŋ]	名 駐車	英検 準2 CEFR B1			parkには「(車など)をとめる」という意味もあるよ。
1593	**recipe** レスィピ[résəpi] 発音	名 調理法, レシピ	英検 3 CEFR B2			
1594	**Russia** ラシャ[rʌ́ʃə] 発音	名 ロシア	英検 3			
1595	**shot** シャート[ʃɑt]	名 (サッカーなどの) シュート, 発砲	英検 準2 CEFR A2			
1596	**stress** ストレス[stres]	名 ストレス, 強調	英検 2 CEFR B1			
1597	**thirteenth** サ〜ティーンス[θəːrtíːnθ]	名 形 13番目 (の)	英検 5			
1598	**toast** トウスト[toust]	名 トースト	英検 5 CEFR A2			
1599	**treat** トリート[triːt]	動 を扱う, を治療する	英検 準2 CEFR B1			
1600	**windy** ウィンディ[wíndi]	形 風の強い	英検 5 CEFR A2			

① 次のＣとＤの関係が，ＡとＢの関係と同じになるように，＿＿に適する語を書きましょう。 [3点×6]

	A	B	C	D
①	increase	decrease	push	＿＿＿＿＿＿＿
②	week	weak	piece	＿＿＿＿＿＿＿
③	knife	knives	mouse	＿＿＿＿＿＿＿
④	positive	negative	thick	＿＿＿＿＿＿＿
⑤	sell	sale	laugh	＿＿＿＿＿＿＿
⑥	I	myself	we	＿＿＿＿＿＿＿

② 次の英文の(　)内から適する語を選び，記号を○で囲みましょう。 [2点×6]

① I can't cook well. ── I can't, (**ア** too　　**イ** either　　**ウ** instead).

② (**ア** If　　**イ** Because　　**ウ** Although) I was in trouble, I didn't ask for help.

③ I study two hours a day (**ア** in　　**イ** on　　**ウ** at) average.

④ The earth is our (**ア** planet　　**イ** plant　　**ウ** internet).

⑤ We have a lot of natural disasters in Japan. Especially, we must prepare for a big (**ア** environment　　**イ** earthquake　　**ウ** education).

⑥ This novel reminds me (**ア** in　　**イ** of　　**ウ** with) my childhood.

③ 次の英文の(　)内の語を適する形に書きかえましょう。 [3点×4]

① This is the (funny) story of the five.　　＿＿＿＿＿＿＿

② Yesterday I (lie) on the grass after running a long distance.　　＿＿＿＿＿＿＿

③ Our dog is (dig) a hole.　　＿＿＿＿＿＿＿

④ My grandmother has difficulty (use) digital devices.　　＿＿＿＿＿＿＿

④ 次の日本文に合う英文になるように，＿＿に適する語を書きましょう。 [6点×4]

① 彼の両親は彼が夜に外出するのを許しませんでした。

His parents did not ＿＿＿＿＿＿ him ＿＿＿＿＿＿ go out at night.

② 彼らはどんなことを話しているのだろう。

I ＿＿＿＿＿＿ ＿＿＿＿＿＿ they are talking about.

③ あなたは自分を他人と比べる必要はありません。

You don't have to ＿＿＿＿＿＿ yourself ＿＿＿＿＿＿ others.

④ 私は少なくとも3日間ここに滞在します。

I will stay here ＿＿＿＿＿＿ ＿＿＿＿＿＿ for three days.

⑤ 次の日本文に合う英文になるように，（　）内の語（句）を並べかえましょう。ただし，不足する1語を補うこと。 [6点×3]

① 地球温暖化を止めるために私たちは何をすべきですか。
What should (do / stop / we / global warming)?

What should ＿＿＿＿＿＿ ?

② 私たちは彼のスピーチに感銘を受けました。
We (speech / impressed / his / with).

We ＿＿＿＿＿＿ .

③ 多くの動物が絶滅の危機にあります。
(of / are / danger / many / animals) extinction.

＿＿＿＿＿＿ extinction.

⑥ 次の日本文を6語の英語に直しましょう。 [8点×2]

① 人工知能がこの文を英語に翻訳しました。

＿＿＿＿＿＿

② 私はブラスバンドに所属しています。

＿＿＿＿＿＿

最重要レベル　基本レベル　標準レベル　高得点レベル　超ハイレベル

まとめてチェック ④ まとめて単語を練習しよう。

季節を表す語

単語	意味	英検/CEFR			
season スィーズン[síːzn]	名 季節	英検 4 CEFR B1			
spring スプリング[spríŋ]	名 春	英検 5 CEFR A1			
summer サマァ[sʌ́mər]	名 夏	英検 5 CEFR A1			
fall フォーゥ[fɔːl]	名 秋	英検 5 CEFR B1			
autumn オータム[ɔ́ːtəm]	名 秋	英検 4 CEFR A1			
winter ウィンタァ[wíntər]	名 冬	英検 5 CEFR A1			

天気・天候を表す語

weather ウェザァ[wéðər]	名 天気	英検 5 CEFR A1			
sunny サニ[sʌ́ni]	形 明るく日のさす	英検 5 CEFR A1			
rain レイン[rein]	名 雨 動 雨が降る	英検 5 CEFR A1			
rainy レイニ[réini]	形 雨降りの	英検 5 CEFR A1			
cloud クラウド[klaud]	名 雲	英検 4 CEFR A1			
cloudy クラウディ[kláudi]	形 くもりの	英検 5 CEFR A1			
snow スノウ[snou]	名 雪 動 雪が降る	英検 5 CEFR A1			
snowy スノウィ[snóui]	形 雪の降る	英検 5 CEFR A1			
hot ハート[hɑt]	形 暑い, 熱い	英検 5 CEFR A1			
cold コウゥド[kould]	形 寒い, 冷たい	英検 5 CEFR A1			
warm ウォーム[wɔːrm]	形 暖かい, 温かい	英検 5 CEFR A1			
cool クーゥ[kuːl]	形 すずしい	英検 5 CEFR A1			

超ハイレベル

この章で学習するのは，難関校の入試で出題される
ハイレベルな単語です。高校入学後にも役立つ実
用的な単語ばかりなので，積極的に挑戦しましょう。

# 1601 announcement アナウンスメント[ənáunsmənt]	名 告知, アナウンス	英検 準2 CEFR B1			
# 1602 attitude エァティテュード[ǽtitjuːd]	名 態度	英検 2 CEFR A2			
# 1603 autumn オータム[ɔ́ːtəm] 発音	名 秋	英検 4 CEFR A1			
# 1604 bury ベリ[béri] 発音	動 を埋める	英検 2 CEFR A2			3単現 buries 過 buried
# 1605 cage ケイヂ[keidʒ]	名 鳥かご, (動物の)おり	英検 2 CEFR B1			
# 1606 charity チェァリティ[tʃǽrəti]	名 慈善	英検 準2 CEFR B1			
# 1607 comedy カーメディ[kámədi]	名 喜劇	英検 3 CEFR B1			
# 1608 concentrate カーンセントレイト[kánsəntreit] 発音	動 集中する	英検 準2 CEFR A2			
# 1609 connection コネッション[kənékʃən]	名 つながり, 関係	英検 準2 CEFR B1			
# 1610 consider コンスィダァ[kənsídər]	動 をよく考える, を…と見なす	英検 準2 CEFR A2			
# 1611 construction コンストラッション[kənstrákʃən]	名 建設	英検 2 CEFR B1			
# 1612 contain コンテイン[kəntéin]	動 (中に~) が入っている	英検 準2 CEFR B1			
# 1613 correct コレクト[kərékt]	形 正しい 動 を訂正する	英検 3 CEFR A1			
# 1614 development ディヴェラプメント[divéləpmənt]	名 発展	英検 2 CEFR B1			
# 1615 disagree ディサグリー[disəgríː]	動 意見が合わない	英検 準2 CEFR A2			
# 1616 display ディスプレイ[displéi]	名 展示, 展示会 動 を展示する	英検 準2 CEFR A2			
# 1617 evacuation イヴェァキュエイション[ivækjuéiʃən]	名 避難	英検 準1 CEFR B2			
# 1618 factor フェァクタァ[fǽktər]	名 要素, 要因	英検 準2 CEFR B2			
# 1619 fat ファト[fæt]	形 太った	英検 3 CEFR A1			比 fatter - fattest
# 1620 knock ナーク[nak] つづり	動 ノックする 名 ノック(の音)	英検 3 CEFR A2			

1621	**originally** オリヂナリ[ərídʒənəli]	副 もともと, 最初は	英検 2 CEFR B2			
1622	**passage** パァスィヂ[pǽsidʒ]	名 (文章の)一節, 通路	英検 準2 CEFR A2			
1623	**pray** プレイ[prei]	動 祈る	英検 準2 CEFR A1			
1624	**rescue** レスキュー[réskju:]	動 を救う 名 救助	英検 準2 CEFR B1			
1625	**roll** ロウゥ[roul]	動 を巻く, 転がる	英検 準2 CEFR A2			
1626	**section** セッション[sékʃən]	名 部分, 部門	英検 3 CEFR A1			
1627	**slide** スライド[slaid]	名 (発表などで投影する) スライド	英検 準2 CEFR A2			
1628	**spell** スペゥ[spel]	動 (単語)をつづる	英検 3 CEFR A1			
1629	**suggest** サヂェスト[sədʒést]	動 を提案する	英検 準2 CEFR A2			
1630	**surround** サラウンド[səráund]	動 を囲む	英検 準2 CEFR B1			
1631	**term** ターム[tə:rm]	名 学期, 期間	英検 2 CEFR B1			
1632	**trick** トリク[trik]	名 いたずら, 手品, 芸	英検 準2 CEFR A2			
1633	**valuable** ヴァリュアボゥ[vǽljuəbl]	形 価値のある, 貴重な	英検 準2 CEFR B1			
1634	**wheel** フウィーゥ[hwi:l]	名 車輪	英検 準2 CEFR A1			
1635	**within** ウィズイン[wiðín]	前 ～以内で	英検 準2 CEFR A2			
1636	**army** アーミィ[á:rmi]	名 陸軍, 軍隊	英検 2 CEFR B1			
1637	**attend** アテンド[əténd]	動 に出席する	英検 3 CEFR B1			
1638	**award** アウォード[əwɔ́:rd]	名 賞	英検 2 CEFR A2			
1639	**beat** ビート[bi:t] つづり	動 を(続けざまに)打つ, (心臓が)鼓動する	英検 準2 CEFR B2			活 beat - beaten / beat
1640	**benefit** ベネフィト[bénəfit]	名 よい効果, 恩恵	英検 2 CEFR B1			

最重要レベル

基本レベル

標準レベル

高得点レベル

超ハイレベル

183

1641 位 ▶ 1680 位 の 単語　単語を練習しよう。

#	単語	意味	英検/CEFR			
1641	**bottom** バートム[bátəm]	名 底, 最下部	英検 2 / CEFR A1			
1642	**coast** コウスト[koust]	名 沿岸	英検 2 / CEFR A2			
1643	**crane** クレイン[krein]	名 (鳥の) ツル	英検 準2 / CEFR			
1644	**ecosystem** イーコウスィステム[í:kousistəm]	名 生態系	英検 2 / CEFR B1			
1645	**fee** フィー[fi:]	名 料金	英検 2 / CEFR A2			
1646	**journey** チャ〜ニ[dʒə́:rni] ◀つづり	名 旅行	英検 準2 / CEFR A2			比較的長い旅のこと。短めの旅はtrip。
1647	**lamp** レァンプ[læmp]	名 ランプ, 電気スタンド	英検 準2 / CEFR A2			
1648	**leaflet** リーフレット[lí:flət]	名 ちらし, リーフレット	英検 準1 / CEFR B2			
1649	**mask** メァスク[mæsk]	名 マスク	英検 2 / CEFR B2			
1650	**memorize** メモライズ[méməraiz]	動 を暗記する	英検 2 / CEFR B1			
1651	**native** ネイティヴ[néitiv]	形 母国の, その土地の	英検 準2 / CEFR A2			
1652	**offer** オーファァ[ɔ́:fər]	動 (…に~)を提供する, を申し出る 名 申し出	英検 準2 / CEFR A2			
1653	**pardon** パードン[pá:rdn]	動 を許す 名 許すこと	英検 3 / CEFR A1			
1654	**remain** リメイン[riméin]	動 残る, ~のままでいる	英検 2 / CEFR A2			
1655	**reservation** レザヴェイション[rezərvéiʃən]	名 予約	英検 準2 / CEFR B1			
1656	**substance** サブスタンス[sʌ́bstəns]	名 物質	英検 2 / CEFR B2			
1657	**surprisingly** サプライズィングリ[sərpráiziŋli]	副 驚くほどに, 驚いたことに	英検 2 / CEFR B1			
1658	**swallow** スワーロウ[swálou]	名 ツバメ	英検 2 / CEFR A2			
1659	**trade** トレイド[treid]	名 取り引き, 貿易	英検 準2 / CEFR A2			
1660	**whether** フウェザァ[hwéðər]	接 ~かどうか, (whether ~ or … で) ~であろうと…であろうと	英検 2 / CEFR B1			

#	単語	意味	級
1661	access エァクセス[ǽkses]	名 アクセス, 接近 / 動 にアクセスする	英検準2 / CEFR B2
1662	attractive アトレアクティヴ[ətrǽktiv]	形 魅力的な	英検2 / CEFR A2
1663	bark バーク[bɑːrk]	動 ほえる	英検準2 / CEFR B1
1664	beauty ビューティ[bjúːti]	名 美しさ	英検2 / CEFR A2
1665	boil ボイゥ[bɔil]	動 を沸かす, をゆでる	英検2 / CEFR A2
1666	candle キャンドゥ[kǽndl]	名 ろうそく	英検3 / CEFR B1
1667	creative クリエイティヴ[kriéitiv]	形 創造力のある, 独創的な	英検準2 / CEFR A2
1668	crow クロウ[krou]	名 カラス	英検2 / CEFR B1
1669	drawing ドローイング[drɔ́ːiŋ]	名 線画, スケッチ	英検2 / CEFR A2
1670	electronic イレクトラーニク[ilektrɑ́nik]	形 電子の	英検準2 / CEFR B1
1671	facility ファスィリティ[fəsíləti]	名 施設	英検2 / CEFR B1
1672	fold フォウゥド[fould]	動 折りたたむ	英検2 / CEFR B1
1673	historical ヒストーリカゥ[histɔ́ːrikəl]	形 歴史の, 歴史上の	英検2 / CEFR B1
1674	inventor インヴェンタァ[invéntər]	名 発明者	英検2 / CEFR B2
1675	issue イシュー[íʃuː]	名 問題(点)	英検2 / CEFR A2
1676	joke ヂョウク[dʒouk]	名 冗談 / 動 冗談を言う	英検2 / CEFR A2
1677	magic メァヂク[mǽdʒik]	名 魔法 / 形 魔法の	英検準2 / CEFR A2
1678	pond パーンド[pɑnd]	名 池	英検3 / CEFR B1
1679	pot パート[pɑt]	名 (深い)なべ, つぼ	英検準2 / CEFR B1
1680	protein プロウティーン[próutiːn] (発音)	名 たんぱく質	英検準1

最重要レベル / 基本レベル / 標準レベル / 高得点レベル / 超ハイレベル

50

185

1681位 ▶ 1720位 の 単語　単語を練習しよう。

1681	reef リーフ[ri:f]		名 暗礁(あんしょう)	準1 / CEFR / B1			
1682	seafood スィーフード[si:fu:d]		名 シーフード, 海産物	3 / CEFR / A2			
1683	souvenir スーヴェニア[su:vəníər]	発音	名 みやげ, 記念品	3 / CEFR / B1			
1684	thief スィーフ[θi:f]		名 どろぼう	2 / CEFR / A2			複 thieves
1685	tile タイウ[tail]		名 タイル, かわら	準1 / CEFR / B1			
1686	tiny タイニ[táini]		形 ごく小さい, ちっちゃな	準2 / CEFR / B1			
1687	turtle ターートゥ[tə́:rtl]		名 カメ, ウミガメ	4 / CEFR / B1			
1688	variety ヴァライエティ[vəráiəti]		名 多様性	2 / CEFR / B1			熟 a variety of ～ (さまざまな～, いろいろな～)
1689	balloon バルーン[bəlú:n]		名 風船, 気球	準2 / CEFR / A2			
1690	base ベイス[beis]		動 の基礎を (…に) 置く 名 基礎, 土台	準2 / CEFR / A2			
1691	describe ディスクライブ[diskráib]		動 を描写する	準2 / CEFR / A1			
1692	discussion ディスカション[diskʌ́ʃən]		名 議論, 話し合い	3 / CEFR / A2			
1693	directly ディレクトリ[diréktli]		副 直接に	準2 / CEFR / B1			
1694	gone ゴーン[gɔ:n]	発音	形 去った, なくなった	準2 / CEFR			be goneの形で使われる。
1695	Mexico メクスィコウ[méksikou]		名 メキシコ	4 / CEFR			
1696	moth モース[mɔ:θ]		名 (虫の)ガ	準1			
1697	novel ナーヴェウ[návəl]	発音	名 小説	準2 / CEFR / A2			
1698	official オフィシャウ[əfíʃəl]		形 公式の	準2 / CEFR / A2			
1699	overseas オウヴァスィーズ[ouvərsí:z]		副 海外へ, 海外で 形 海外の	準2 / CEFR / B2			
1700	performer パフォーマァ[pərfɔ́:rmər]		名 演奏者, 演者	3 / CEFR / B1			

#	単語	発音	意味	英検/CEFR			メモ
1701	plain プレイン[plein]	形 明白な, 平易な 名 平野		英検 準2 CEFR B1			
1702	scientific サイエンティフィク[saiəntífik]	形 科学の, 科学的な		英検 2 CEFR A2			
1703	studio 発音 ステューディオウ[stjú:diou]	名 スタジオ		英検 準2 CEFR B1			
1704	tongue 発音 タング[tʌŋ]	名 舌		英検 2 CEFR B1			熟 mother tongue (母語)
1705	lay レイ[lei]	動 を置く, を横にする, (卵)を産む		英検 準2 CEFR B1			活 laid - laid
1706	chief チーフ[tʃi:f]	名 (組織の)長, チーフ		英検 2 CEFR B1			
1707	confident カーンフィデント[kánfədənt]	形 自信のある		英検 準2 CEFR A2			比 more ~ - most ~
1708	couple つづり カポウ[kʌ́pl]	名 2つ, 一対, 夫婦, カップル		英検 3 CEFR A2			熟 a couple of ~ (2, 3の~, 2つの~)
1709	deal ディーゥ[di:l]	名 取り引き 動 扱う		英検 2 CEFR A2			
1710	dive ダイヴ[daiv]	動 (水に)飛び込む, もぐる		英検 2 CEFR B1			
1711	drone ドロウン[droun]	名 ドローン, 無人飛行機		英検 2			
1712	expect イクスペクト[ikspékt]	動 を予期する, を期待する		英検 3 CEFR A2			
1713	fantastic フェアンテアスティク[fæntǽstik]	形 すばらしい, 空想的な		英検 準2 CEFR A2			
1714	fence フェンス[fens]	名 フェンス, さく		英検 準2 CEFR A2			
1715	freedom フリーダム[frí:dəm]	名 自由		英検 2 CEFR A2			
1716	manage 発音 メァニヂ[mǽnidʒ]	動 を何とか やりとげる, をうまく扱う		英検 準2 CEFR A2			
1717	marine マリーン[mərí:n]	形 海の		英検 2 CEFR B1			
1718	net ネト[net]	名 網		英検 準2 CEFR A2			
1719	nursery ナ〜サリィ[nə́:rsəri]	名 託児所		英検 準1 CEFR B2			
1720	physical つづり フィズィカゥ[fízikəl]	形 肉体の, 身体の		英検 2 CEFR A2			

1721位 ▶ 1760位の 単語　単語を練習しよう。

#	単語		品詞・意味	英検 / CEFR			メモ
1721	**pound** バウンド[paund]	発音	名 ポンド	準1 / B1			重さの単位または イギリスの通貨単位 として使うよ。
1722	**preserve** プリザ〜ヴ[prizə́:rv]		動 を保護する, を保存する	2 / B1			
1723	**recover** リカヴァ[rikʌ́vər]		動 回復する	準2 / B1			
1724	**salesclerk** セイゥズクラ〜ク[séilzklə:rk]		名 (売り場の)店員	3			単にclerkとも 言う。
1725	**silk** スィゥク[silk]		名 絹, 絹糸	準1 / B1			
1726	**sink** スィンク[siŋk]		動 沈む	2 / A2			⊛ sank - sunk
1727	**stomach** スタマク[stʌ́mək]	発音	名 胃, おなか	3 / A2			
1728	**stranger** ストレインヂャァ[stréindʒər]		名 見知らぬ人, (その土地に) 不案内な人	準2 / A2			
1729	**tough** タフ[tʌf]	発音	形 (問題などが) 難しい	準2 / B2			
1730	**typhoon** タイフーン[taifú:n]		名 台風	3			
1731	**vegetarian** ヴェヂテァリアン[vedʒətéəriən]		名 菜食主義者	準1 / B1			
1732	**agriculture** エァグリカッチャ[ǽɡrikʌltʃər]		名 農業	2 / B1			
1733	**alive** アライヴ[əláiv]		形 生きている	準2 / A2			
1734	**atomic** アターミク[ətámik]		形 原子の	準1 / B1			
1735	**block** ブラーク[blɑk]		名 ブロック, 区画	3 / A1			
1736	**bowl** ボウゥ[boul]		名 どんぶり, ボウル	3 / A1			
1737	**braille** ブレイゥ[breil]		名 点字	準1			
1738	**comfort** カンファト[kʌ́mfərt]	発音	名 快適さ	準1 / B1			
1739	**coral** コーラッ[kɔ́:rəl]		名 サンゴ	準1 / B2			
1740	**court** コート[kɔ:rt]		名 (テニスなどの) コート, 法廷	4 / A2			

#	見出し語		英検 / CEFR				
1741	debate ディベイト[dibéit]	名 討論, ディベート	2 / A2				
1742	debris デブリー[dəbríː] 発音	名 (壊れたものの)破片	準1 / B1				
1743	decorate デコレイト[dékəreit]	動 を飾る	準2 / B2				
1744	discovery ディスカヴァリ[diskʌ́vəri]	名 発見	準2 / B1				discoveries
1745	economy イカーノミィ[ikánəmi]	名 経済	2 / B1				
1746	gentleman ヂェントゥマン[dʒéntlmən]	名 男の人	準2 / B1				manのていねいな言い方だよ。
1747	harmony ハーモニィ[háːrməni]	名 調和	準2 / A2				
1748	intelligence インテリヂェンス[intélidʒəns]	名 知能	準2 / A2				
1749	interpreter インタ~プリタァ[intə́ːrpritər]	名 通訳(者)	準1 / B2				
1750	nearby ニアバイ[niərbái]	形 近くの 副 近くに	準2 / B1				
1751	neck ネック[nek]	名 首	3 / A1				
1752	opportunity アパテューニティ[apərtjúːnəti]	名 機会	準2 / A2				
1753	outdoor アウトドーァ[autdɔ́ːr]	形 屋外の, アウトドアの	準2 / B1				
1754	playground プレイグラウンド[pléigraund]	名 (学校などの)運動場	3 / A2				
1755	politics パーリティクス[pálətiks] 発音	名 政治	準1				
1756	quick クウィック[kwik]	形 すばやい	3 / A2				
1757	relay リーレイ[ríːlei]	名 リレー競走	B2				
1758	reuse リーユーズ[riːjúːz]	動 を再利用する	準1				
1759	shell シェッ[ʃel]	名 貝がら	2 / A2				
1760	steal スティーゥ[stiːl]	動 を盗む	3 / A2				stole - stolen

#	単語		意味	英検/CEFR			
1761	**steam** スティーム[sti:m]		名 蒸気	英検 2 CEFR B1			
1762	**stripe** ストライプ[straip]		名 しま（模様）	英検 2 CEFR B1			
1763	**suit** スート[su:t]	つづり	名 スーツ 動 に合う	英検 3 CEFR A2			
1764	**surface** サーフィス[sə́:rfis]	発音	名 表面	英検 2 CEFR B1			
1765	**task** テァスク[tæsk]		名 仕事, 作業	英検 2 CEFR A2			しなければならない個別の作業をさす。
1766	**television** テレヴィジョン[téləviʒən]		名 テレビ	英検 準2 CEFR A1			TVはtelevisionの省略形だよ。
1767	**weekday** ウィークデイ[wí:kdei]		名 平日	英検 3 CEFR A2			
1768	**achieve** アチーヴ[ətʃí:v]		動 を成しとげる, を達成する	英検 準2 CEFR A2			
1769	**adventure** アドヴェンチャァ[ədvéntʃər]		名 冒険	英検 3 CEFR A2			
1770	**apply** アプライ[əplái]		動 申し込む, 応募する	英検 準2 CEFR A2			
1771	**bakery** ベイカリ[béikəri]		名 パン店	英検 3 CEFR B1			
1772	**blog** ブラーグ[blɑ:g]		名 ブログ	英検 2 CEFR B1			
1773	**calm** カーム[kɑ:m]	発音	形 おだやかな	英検 準2 CEFR B1			lは発音しないよ。
1774	**certain** サートン[sə́:rtn]	発音	形 ある〜, 確かな	英検 準2 CEFR A2			
1775	**clothing** クロウズィング[klóuðiŋ]		名 衣料品	英検 3 CEFR B2			
1776	**freeze** フリーズ[fri:z]		動 を凍らせる	英検 準2 CEFR A2			変 froze - frozen
1777	**graduation** グレアデュエイション[grædʒuéiʃən]		名 卒業	英検 準2 CEFR B1			
1778	**industry** インダストリ[índəstri]		名 産業, 工業	英検 2 CEFR B1			
1779	**measure** メジャァ[méʒər]	つづり / 発音	動 （寸法など）をはかる 名 （複数形で）手段, 対策	英検 準2 CEFR B1			
1780	**renewable** リニューアボゥ[rinjú:əbl]		形 再生可能な	英検 準1			

# 1781		英検			
row ロウ[rou]	名 列	準2 CEFR A1			
# 1782		英検			
sir サ〜[sə:r]	名 （男性に呼びかけて） お客様，あなた	3 CEFR A1			
# 1783 〈つづり〉		英検			
source ソース[sɔ:rs]	名 源， （情報などの）出所	2 CEFR A2			
# 1784		英検			
stomachache 発音 スタマケイク[stʌ́məkeik]	名 腹痛	3 CEFR A2			
# 1785		英検			塾 **to tell the truth** （実を言うと）
truth トルース[tru:θ]	名 真実	準2 CEFR A2			
# 1786		英検			
vet ヴェト[vet]	名 獣医師	2 CEFR B1			
# 1787		英検			
angle エアングゥ[ǽŋgl]	名 角度	準2 CEFR B1			
# 1788		英検			
balance ベァランス[bǽləns]	名 バランス， つり合い	準2 CEFR B1			
# 1789		英検			
beginner ビギナァ[bigínər]	名 初心者	3 CEFR A2			
# 1790		英検			
bitter ビタァ[bitər]	形 苦い	2 CEFR B1			
# 1791		英検			
ceiling スィーリング[sí:liŋ] 発音	名 天井	3 CEFR B2			
# 1792		英検			
collection コレクション[kəlékʃən]	名 収集， コレクション， 集まり	準2 CEFR A1			
# 1793		英検			
committee コミティ[kəmíti]	名 委員会	2 CEFR A2			
# 1794		英検			
familiar ファミリャ[fəmíljər]	形 なじみのある， よく知られた	3 CEFR A2			
# 1795		英検			
feature フィーチャ[fí:tʃər]	名 特徴 動 を特集する	2 CEFR A2			
# 1796		英検			flierともつづる。
flyer フライァ[fláiər]	名 （広告の）ちらし	準1			
# 1797 〈つづり〉		英検			
fuel フューエゥ[fjú:əl]	名 燃料	準2 CEFR B1			
# 1798		英検			
god ガード[gɑd]	名 神	準1 CEFR B2			
# 1799		英検			
harvest ハーヴィスト[hɑ́:rvist]	名 収穫 動 を収穫する	準2 CEFR A2			
# 1800		英検			
journalist ヂャ〜ナリスト[dʒɑ́:rnəlist]	名 ジャーナリスト， 記者	準1 CEFR B1			

最重要レベル

基本レベル

標準レベル

高得点レベル

超ハイレベル

1801位 ▶ 1840位の 単語 単語を練習しよう。

#	単語	品詞・意味	英検/CEFR			メモ
1801	limited リミティド[límitid]	形 限られた	準2 / B1			
1802	mission ミション[míʃən]	名 任務	2 / B1			
1803	model 発音 マードゥ[mádl]	名 模型, 型, モデル	4 / B1			
1804	nearly ニアリ[níərli]	副 ほぼ, ほとんど	2 / A2			
1805	peaceful ピースフォッ[píːsfəl]	形 平和な, おだやかな	3 / A2			
1806	resident レズィデント[rézidənt]	名 居住者, 住民	2 / B1			
1807	suffer つづり サファァ[sʌ́fər]	動 苦しむ	準2 / B1			熟 suffer from ～ (～に苦しむ)
1808	text テクスト[tékst]	名 (本などの)本文, 携帯メール 動 携帯メールを打つ	2 / A2			
1809	throat スロウト[θrout]	名 のど	準1 / B2			
1810	Vietnam ヴィーエトナーム[viːetnɑ́ːm]	名 ベトナム	2			
1811	avoid アヴォイド[əvóid]	動 をさける	準2 / A2			
1812	basic ベイスィク[béisik]	形 基礎の, 基本的な	準2 / A2			
1813	bloom ブルーム[bluːm]	名 開花 動 開花する	準2 / A2			
1814	brass ブレアス[bræs]	名 真ちゅう, 金管楽器	2 / B1			a brass band 「ブラスバンド,吹奏楽団」でよく使うよ。
1815	button つづり バトン[bʌ́tn]	名 ボタン	3 / A1			
1816	chat チェアト[tʃæt]	動 おしゃべりする, (ネットで) チャットする	準2 / B1			
1817	completely コンプリートリ[kəmplíːtli]	副 完全に	準2 / B1			
1818	content カーンテント[kántent]	名 内容, 中身	準1 / B2			
1819	countryside カントゥリサイド[kʌ́ntrisaid]	名 いなか, 田園地帯	準2 / A2			
1820	deeply ディープリ[díːpli]	副 深く	2 / A2			

#	見出し語	意味	英検/CEFR			
1821	**escape** イスケイプ[iskéip]	動 逃げる	準2 / CEFR / A2			
1822	**fairy** フェアリ[féəri]	名 妖精	準2 / CEFR / A1			
1823	**fisherman** フィシャマン[fíʃərmən]	名 漁師	準2 / CEFR / A2			性差のない語は fisher。
1824	**greatly** グレイトリ[gréitli]	副 おおいに	準2 / CEFR / A2			
1825	**greet** グリート[griːt]	動 にあいさつする	準2 / CEFR / A1			
1826	**habit** ヘァビト[hǽbit]	名 (個人の)習慣	3 / CEFR / A1			
1827	**hug** ハグ[hʌg]	動 を抱きしめる 名 抱きしめること, ハグ	準1 / CEFR / B2			
1828	**immediately** イミーディエトリ[imíːdiətli]	副 ただちに	準2 / CEFR / B1			
1829	**impression** インプレション[impréʃən]	名 印象	準2 / CEFR / B1			
1830	**knee** ニー[niː] (発音)	名 ひざ	準2 / CEFR / A1			kは発音しないよ。
1831	**memorial** ミモーリアゥ[mimɔ́ːriəl]	名 記念碑, 記念館 形 記念の	準1 / CEFR / B2			
1832	**normal** ノーマゥ[nɔ́ːrməl]	形 正常な	準2 / CEFR / A2			
1833	**paragraph** ペァラグレァフ[pǽrəgræf]	名 段落	2 / CEFR / A2			
1834	**publish** パブリシュ[pʌ́bliʃ]	動 を出版する	3 / CEFR / A2			
1835	**purple** パ〜プゥ[pə́ːrpl]	名 形 むらさき色(の)	準2 / CEFR / A2			
1836	**raw** ロー[rɔː] (発音)	形 (食べ物が)生の	準2 / CEFR / A2			
1837	**restroom** レストルーム[réstruːm]	名 (公共施設の)トイレ	準2			
1838	**satisfy** セァティスファイ[sǽtisfai]	動 を満足させる	2 / CEFR / A2			
1839	**sharp** シャープ[ʃɑːrp]	形 するどい	3 / CEFR / B1			
1840	**strength** ストレングス[streŋθ]	名 強さ, 力	準2 / CEFR / A2			

最重要レベル

基本レベル

標準レベル

高得点レベル

超ハイレベル

#	単語	品詞	意味	英検/CEFR			
1841	stupid ステューピド[stjúːpəd]	形	ばかげた	英検2 / CEFR B1			
1842	wealth ウェルス[welθ] （発音）	名	富, 財産	英検2 / CEFR A2			
1843	wipe ワイプ[waip]	動	をふく	英検2 / CEFR B2			
1844	yard ヤード[jɑːrd]	名	（家の周りの）庭, ヤード （長さの単位）	英検準2 / CEFR A1			yardは家の周りの土地で, gardenは花などが植えてある庭のこと。
1845	thought（つづり） ソート[θɔːt]	名	考え	英検準2 / CEFR A2			think（〜と思う）の過去形と同じつづりだよ。
1846	artificial アーティフィシャル[ɑːrtifíʃəl]	形	人工の	英検2 / CEFR A2			
1847	barrier ベァリアァ[bæriər]	名	障壁	英検準1 / CEFR B2			
1848	boss ボース[bɔːs]	名	上司	英検3 / CEFR A2			
1849	canal カネァッ[kənǽl] （発音）	名	運河	英検準1 / CEFR B1			
1850	chain チェイン[tʃein]	名	くさり	英検2 / CEFR A2			
1851	combination カンビネイション[kɑmbinéiʃən]	名	組み合わせ	英検準1 / CEFR B1			
1852	current カ〜レント[kə́ːrənt]	形 名	現在の 流れ	英検2 / CEFR B1			
1853	depressed ディプレスト[diprést]	形	元気のない	英検準1 / CEFR B1			
1854	divide ディヴァイド[diváid]	動	を分ける	英検準1 / CEFR B1			
1855	endangered インデインヂャァド[indéindʒərd]	形	絶滅の危機に ある	英検2 / CEFR A2			
1856	essay エセイ[ései] （発音）	名	作文, エッセー	英検準2 / CEFR A2			
1857	gender ヂェンダァ[dʒéndər]	名	性, 性別	英検2 / CEFR A2			
1858	major メイヂャァ[méidʒər] （発音）	形	主要な	英検準2 / CEFR A2			
1859	metal メトゥ[métl]	名	金属	英検準2 / CEFR A2			
1860	midnight ミドナイト[mídnait]	名	夜の12時	英検3 / CEFR A2			

#	見出し語	品詞	意味	英検 / CEFR			
1861	**narrow** ネァロウ[nǽrou]	形	せまい	英検 3 CEFR B1			narrowははばがせまいときに使う。
1862	**neither** ニーザァ[níːðər]	形 代 接	どちらも～ない	英検 3 CEFR B2			
1863	**package** 発音 ペァキヂ[pǽkidʒ]	名	包み, 小包	英検 3 CEFR B1			
1864	**particular** パティキュラァ[pərtíkjulər]	形	特定の	英検 準2 CEFR B2			
1865	**photograph** フォウトグレァフ[fóutəgræf]	名	写真	英検 準2 CEFR A2			photo(写真)はphotographの略だよ。
1866	**phrase** つづり フレイズ[freiz]	名	句, フレーズ	英検 2 CEFR B1			
1867	**polite** ポライト[pəláit]	形	礼儀正しい	英検 準2 CEFR A2			
1868	**pollute** ポルート[pəlúːt]	動	を汚染する	英検 2 CEFR A2			
1869	**position** パズィション[pəzíʃən]	名	位置, 立場	英検 2 CEFR A2			
1870	**release** リリース[rilíːs]	動	を解放する,を放出する	英検 2 CEFR A2			
1871	**respond** リスパーンド[rispánd]	動	反応する	英検 2 CEFR B1			
1872	**rhythm** 発音 リズム[ríðm]	名	リズム	英検 2 CEFR A2			
1873	**risk** リスク[risk]	名	危険, リスク	英検 2 CEFR B1			
1874	**root** ルート[ruːt]	名	根	英検 2 CEFR A2			
1875	**sail** セイゥ[seil]	名 動	(船の)帆 航海する	英検 準2 CEFR B2			
1876	**separate** 動 セパレイト[sépəreit] 形 セパレト[sépərət]	動 形	を分ける 分かれた,別々の	英検 準2 CEFR A2			
1877	**steel** スティーゥ[stiːl]	名	鋼鉄	英検 2 CEFR B1			
1878	**stretch** ストレチ[stretʃ]	動	を広げる	英検 準2 CEFR B1			
1879	**talent** 発音 テァレント[tǽlənt]	名	才能	英検 2 CEFR A2			
1880	**teenager** ティーネイヂァ[tíːneidʒər]	名	ティーンエージャー	英検 準2 CEFR A2			

#	単語	品詞・意味	英検・CEFR		
1881	**victim** ヴィクティム[víktim]	名 犠牲者, 被害者	英検 2 CEFR B1		
1882	**advertise** エァドヴァタイズ[ǽdvərtaiz]	動 を広告する	英検 2 CEFR B1		
1883	**alarm** アラーム[əlá:rm]	名 警報, 目覚まし時計	英検 3 CEFR A2		
1884	**author** 発音 オーサァ[ɔ́:θər]	名 著者	英検 2 CEFR A2		
1885	**capital** ケァピトゥ[kǽpətl]	名 首都 形 大文字の	英検 3 CEFR A2		
1886	**championship** チェアンピオンシァ[tʃǽmpjənʃip]	名 選手権(大会)	英検 準2 CEFR A2		
1887	**crop** クラープ[krɑp]	名 作物	英検 2 CEFR B1		
1888	**discount** ディスカウント[dískaunt]	名 割引	英検 3 CEFR B1		
1889	**explore** イクスプローァ[iksplɔ́:r]	動 を探検する	英検 準2 CEFR A2		
1890	**feather** 発音 フェザァ[féðər]	名 (鳥の1本1本の)羽	英検 2 CEFR A2		
1891	**hallway** ホーゥウェイ[hɔ́:lwei]	名 玄関(の広間), 廊下	英検 準2		
1892	**impressive** インプレスィヴ[imprésiv]	形 印象的な	英検 2 CEFR B1		
1893	**lecture** レクチァ[léktʃər]	名 講義	英検 準2 CEFR B1		
1894	**likely** ライクリ[láikli]	形 ～しそうな	英検 準2 CEFR A2		
1895	**mysterious** ミステイアリアス[mistíəriəs]	形 神秘的な	英検 準2 CEFR A2		
1896	**nation** ネイション[néiʃən]	名 国家, 国民	英検 準2 CEFR A2		
1897	**nod** ナード[nɑd]	動 うなずく	英検 準1 CEFR B1		ⓔ nodded ing形 nodding
1898	**nutrient** ニュートリエント[njú:triənt]	名 栄養素	英検 準1 CEFR B1		
1899	**pole** ポウゥ[poul]	名 棒, さお, 極	英検 準1 CEFR B1		
1900	**prefer** 発音 プリファ～[prifə́:r]	動 のほうを好む	英検 準2 CEFR A2		

#	見出し語	品詞・意味	英検/CEFR			
1901	**sight** サイト[sait]	名 見ること, 視力, 眺め	準2 / A1			
1902	**signal** スィグナゥ[sígnəl]	名 信号, 合図	準2 / B1			
1903	**simply** スィンプリ[símpli]	副 単に～だけ	2 / A2			
1904	**somebody** サムバディ[sámbɑdi]	代 だれか	2 / A2			
1905	**sunrise** サンライズ[sánraiz]	名 日の出	2 / B1			
1906	**bill** ビゥ[bil]	名 請求書, 紙幣	2 / A2			
1907	**ankle** エァンクゥ[æŋkl]	名 足首, くるぶし	3 / A2			
1908	**announce** アナウンス[ənáuns]	動 を告知する	準2 / B1			
1909	**apart** アパート[əpɑ́ːrt]	副 離れて	2 / A2			
1910	**bay** ベイ[bei]	名 入り江, 湾	準2 / A2			
1911	**beyond** ビヤーンド[bijánd] 発音	前 ～の向こうに, ～をこえて	2 / A2			
1912	**broadcast** ブロードキャスト[brɔ́ːdkæst]	動 を放送する	準2 / B1			
1913	**cancel** キャンスゥ[kǽnsl]	動 を取り消す	3 / B1			
1914	**classical** クレァスィカゥ[klǽsikəl]	形 古典の, クラシックの	3 / B1			
1915	**differently** ディフェレントリ[dífərəntli]	副 違って	2 / A2			
1916	**dinosaur** ダイナソーァ[dáinəsɔːr] つづり	名 恐竜	2 / A2			
1917	**explanation** エクスプラネイション[eksplənéiʃən]	名 説明	準2 / A2			
1918	**extra** エクストラ[ékstrə]	形 余分の	準2 / A2			
1919	**formal** フォーマゥ[fɔ́ːrməl]	形 正式の, 形式ばった	準2 / B1			
1920	**golden** ゴウゥドン[góuldn]	形 金色の, 金色にかがやく	2 / A2			

#	単語	品詞・意味	英検 / CEFR			
1921	happily ヘァピリ[hǽpili]	副 幸せに	英検 2 / CEFR A2			
1922	ill イっ[il]	形 病気の	英検 準2 / CEFR A2			
1923	instruction インストラクション[instrʌ́kʃən]	名 指示, 説明書	英検 準2 / CEFR B1			
1924	limit リミト[límit]	動 を制限する 名 限度	英検 3 / CEFR B1			
1925	link リンク[liŋk]	動 をつなぐ 名 (インターネットの)リンク	英検 2 / CEFR B1			
1926	lock ラーク[lɑk]	動 にかぎをかける	英検 準2 / CEFR A2			
1927	observe オブザ〜ヴ[əbzə́:rv]	動 を観察する, を守る	英検 2 / CEFR B1			
1928	onto アーントゥ[ɑ́ntə]	前 〜の上へ	英検 準1			
1929	origin オーリヂン[ɔ́:rədʒin]	名 始まり, 起源	英検 準2 / CEFR B1			
1930	painter ペインタァ[péintər]	名 画家	英検 準2 / CEFR A2			
1931	pretend プリテンド[priténd]	動 のふりをする	英検 2 / CEFR B2			
1932	review リヴュー[rivjú:]	名 批評, 復習 動 を見直す	英検 2 / CEFR A1			
1933	scream スクリーム[skri:m]	動 悲鳴を上げる 名 悲鳴	英検 準2 / CEFR A2			
1934	SDGs エスディーチーズ[esdi:dʒí:z]	名 持続可能な開発目標				Sustainable Development Goalsの略。
1935	select セレクト[səlékt]	動 を選ぶ	英検 準2 / CEFR B1			
1936	sincerely スィンスィアリ[sinsíərli] 発音	副 心から	英検 3			Sincerely (yours), 〈手紙で〉敬具
1937	somehow サムハウ[sámhau]	副 どういうわけか, 何とかして	英検 準1 / CEFR B1			
1938	stationery ステイショネリ[stéiʃəneri]	名 文房具	英検 準1			
1939	stream ストリーム[stri:m]	名 小川, 流れ	英検 準1 / CEFR B1			
1940	sunlight サンライト[sánlait]	名 日光	英検 3 / CEFR A2			

#	単語	品詞・意味	レベル			
1941	**supply** サプ**ラ**イ[səplái]	動 を供給する 名 供給	英検 2 CEFR B1			
1942	**switch** ス**ウィ**チ[switʃ]	名 スイッチ 動 を切り替える	英検 準2 CEFR B1			
1943	**transport** トレァンス**ポ**ート[trænspɔ́ːrt]	動 を輸送する	英検 2 CEFR B1			
1944	**treatment** ト**リ**ートメント[tríːtmənt]	名 治療, 取り扱い	英検 2 CEFR B1			
1945	**unfortunately** アン**フォ**ーチュネトリ[ʌnfɔ́ːrtʃənətli]	副 不運にも	英検 2 CEFR A2			
1946	**valley** 〔つづり〕 **ヴェ**アリ[væli]	名 谷	英検 2 CEFR A2			
1947	**victory** **ヴィ**クトリィ[víktəri]	名 勝利	英検 準1 CEFR B1			
1948	**workplace** **ワ**ークプレイス[wɔ́ːrkpleis]	名 職場	英検 準1 CEFR B1			
1949	**amusement** ア**ミュ**ーズメント[əmjúːzmənt]	名 娯楽	英検 3 CEFR A2			
1950	**anytime** **エ**ニタイム[énitaim]	副 いつでも	英検 3			
1951	**arrest** ア**レ**スト[ərést]	動 を逮捕する	英検 準2 CEFR B1			
1952	**atmosphere** 〔つづり〕 **エ**アトモスフィアァ[ǽtməsfiər]	名 大気, 雰囲気	英検 準2 CEFR B1			
1953	**awesome** 〔発音〕 **オ**ーサム[ɔ́ːsəm]	形 すごい, すばらしい	英検 2 CEFR B1			
1954	**ban** ベ**ア**ン[bæn]	動 を(法律などで)禁じる	英検 2 CEFR B2			🔊 banned
1955	**border** **ボ**ーダァ[bɔ́ːrdər]	名 境界, 国境	英検 2 CEFR B1			
1956	**brave** プ**レ**イヴ[breiv]	形 勇敢な	英検 2 CEFR A2			
1957	**broaden** プ**ロ**ードン[brɔ́ːdn]	動 を広げる	英検 準1 CEFR B2			
1958	**charm** **チャ**ーム[tʃɑːrm]	名 魅力	英検 準1 CEFR B1			
1959	**complete** コンプ**リ**ート[kəmplíːt]	動 を終わらせる, を完成させる	英検 準2 CEFR A2			
1960	**confidence** **カ**ーンフィデンス[kánfidəns]	名 自信	英検 2 CEFR B1			

最重要レベル

基本レベル

標準レベル

高得点レベル

超ハイレベル

1961位 ▶ 2000位の 単語　　単語を練習しよう。

#	単語	意味	英検/CEFR			
1961	**confuse** コンフューズ[kənfjúːz]	動 を混乱させる	準2 / A2			
1962	**cotton** カトン[kátn]	名 綿, 木綿	準2 / B1			
1963	**crowd** クラウド[kraud]	名 群衆, 人ごみ 動 群がる	3 / A2			
1964	**donate** ドウネイト[dóuneit]	動 を寄付する	2 / B2			
1965	**downtown** ダウンタウン[dauntáun]	名 繁華街 副 繁華街へ	3 / A2			
1966	**due** デュー[djuː]	形 予定されて, (due to~で) ~のために	2 / A1			
1967	**envelope** エンヴェロウプ[énvəloup]	名 封筒	2 / A2			
1968	**further** ファ~ザァ[fɔ́ːrðər]	形 さらに進んだ 副 さらに進んで	準2 / A2			
1969	**glow** グロウ[glou]	動 発光する 名 かがやき	準1 / B2			
1970	**gradually** グレアヂュアリ[grǽdʒuəli]	副 しだいに, じょじょに	2 / A2			
1971	**growth** グロウス[grouθ]	名 成長	2 / B1			
1972	**impact** インペアクト[ímpækt]	名 衝撃, 大きな影響	2 / A2			
1973	**interviewer** インタヴューァ[íntərvjuːər]	名 インタビューアー, 面接官	準2 / A1			
1974	**inspire** インスパイァ[inspáiər]	動 をふるい立たせる, 着想を与える	準2 / B1			
1975	**latest** レイティスト[léitist]	形 最新の	準2 / A2			
1976	**layer** レイア[léiər]	名 層	2 / B1			
1977	**lawyer** ローヤァ[lɔ́ːjər] 発音	名 弁護士	2 / A2			
1978	**lift** リフト[lift]	動 を持ち上げる	2 / B1			
1979	**mechanical** メケアニカゥ[mikǽnikəl]	形 機械の, 機械式の	準1 / B1			
1980	**organization** オーガニゼイション[ɔːrgənizéiʃən]	名 組織, 団体	準2 /			

学習日 （ 月 日 ）

#	見出し語	品詞・意味	英検/CEFR			補足
1981	**pause** ポーズ[pɔːz]	名 小休止 動 小休止する	準1 CEFR B1			
1982	**pictogram** ピクトグレアム[píktəgræm]	名 ピクトグラム，絵文字				pictographも同じ意味だよ。
1983	**poison** ポイズン[pɔ́izn]	名 毒	2 CEFR B1			
1984	**precious** プレシャス[préʃəs]	形 貴重な	準2 CEFR B1			
1985	**progress** プラーグレス[prágrəs]	名 進歩，進行	2 CEFR B1			
1986	**puppy** パピィ[pʌ́pi]	名 子犬	3 CEFR B1			複 puppies
1987	**quit** クウィト[kwit]	動 をやめる	準2 CEFR B2			
1988	**reality** リエアリティ[riǽləti]	名 現実	2 CEFR B1			熟 in reality（現実は）
1989	**responsible** リスパーンスィボゥ[rispánsəbl]	形 責任がある	準2 CEFR B1			
1990	**regular** レギュラァ[régjulər]	形 定期的な，ふだんの	準2 CEFR A2			
1991	**shade** シェイド[ʃeid]	名 日陰	2 CEFR A2			
1992	**shadow** シャドウ[ʃǽdou]	名 影	2 CEFR A2			
1993	**strict** ストリクト[strikt]	形 厳しい	準2 CEFR A1			
1994	**succeed** サクスィード[səksíːd]	動 成功する	準2 CEFR A2			
1995	**surgery** サ～ヂェリ[sə́ːrdʒəri]	名 外科手術	2 CEFR B1			複 surgeries
1996	**tap** テァプ[tæp]	名 （水道の）蛇口 動 を軽くたたく，をタップする	2 CEFR A2			
1997	**trainer** トレイナァ[tréinər]	名 （動物の）調教師，（スポーツの）コーチ，トレーナー	準1 CEFR B2			
1998	**understanding** アンダァステアンディング[ʌndərstǽndiŋ]	名 理解	CEFR B2			
1999	**unfair** アンフェア[ʌnféər]	形 不公平な	2 CEFR A2			
2000	**worth** ワ～ス[wəːrθ]	形 ～の価値がある	準2 CEFR B1			

1 次の英文の( )内から適する語を選び，記号を○で囲みましょう。　　　[3点×9]

① 彼女は外国語に精通しています。
She is familiar (**ア** of 　 **イ** with 　 **ウ** in) foreign languages.

② 私たちは限られた資源を大切に使わなければなりません。
We must use our (**ア** human 　 **イ** renewable 　 **ウ** limited) resources carefully.

③ 桜の花が満開です。
Cherry blossoms are in full (**ア** bloom 　 **イ** open 　 **ウ** bottom).

④ 私は彼によい印象をもちました。
I had a good (**ア** expression 　 **イ** mission 　 **ウ** impression) of him.

⑤ このリストに載っているすべての動物は絶滅危惧種です。
All animals on this list are (**ア** dangerous 　 **イ** endangered 　 **ウ** electronic) species.

⑥ 彼女は肉も魚も食べません。
She eats (**ア** never 　 **イ** neither 　 **ウ** either) meat nor fish.

⑦ 弟は病気のふりをしました。
My brother (**ア** pretended 　 **イ** preferred 　 **ウ** provided) to be ill.

⑧ 彼は史上最高の選手だと思われています。
He is (**ア** considered 　 **イ** contained 　 **ウ** confused) to be the greatest player ever.

⑨ 海洋ごみはじょじょに増えています。
Marine debris is (**ア** unfortunately 　 **イ** completely 　 **ウ** gradually) increasing.

2 次の英文の( )内の語を適する形に書きかえましょう。　　　[4点×4]

① I eat a (boil) egg every morning. 　　　＿＿＿＿＿＿＿＿＿＿

② Two (thief) broke into the house that night. 　　　＿＿＿＿＿＿＿＿＿＿

③ Her (perform) was a great success. 　　　＿＿＿＿＿＿＿＿＿＿

④ My smartphone was (steal) on the train. 　　　＿＿＿＿＿＿＿＿＿＿

学習日　　月　　日　　得点

解答・解説…別冊解答 P.21

点
100点

最重要レベル

基本レベル

標準レベル

高得点レベル

超ハイレベル

3 次の日本文に合う英文になるように，＿＿に適する語を書きましょう。　　[5点×4]

① 私のねこは数日前にいなくなりました。

My cat ＿＿＿＿＿＿＿＿ ＿＿＿＿＿＿＿＿ a couple of days ago.

② 実を言うと，私はけさ4時に起きました。

To ＿＿＿＿＿＿＿＿ the ＿＿＿＿＿＿＿＿ , I got up at four this morning.

③ 祖母はひどい頭痛に苦しんでいます。

My grandmother is ＿＿＿＿＿＿＿＿ ＿＿＿＿＿＿＿＿ a bad headache.

④ 明日は雨が降りそうです。

It's ＿＿＿＿＿＿＿＿ to ＿＿＿＿＿＿＿＿ tomorrow.

4 次の日本文に合う英文になるように，（　　）内の語句を並べかえましょう。　　[7点×3]

① 私は彼女が生きているのかどうか知りたい。

I want to know (not / or / she / whether / is / alive).

I want to know ＿＿＿＿＿＿＿＿＿＿＿＿＿＿＿＿＿＿＿＿ .

② この映画は実話にもとづいているのですか。

Is (on / based / this / a / movie / true story)?

Is ＿＿＿＿＿＿＿＿＿＿＿＿＿＿＿＿＿＿＿＿＿＿ ?

③ 彼はまもなくここに来ると私は思います。

I (to / him / come / expect / here) soon.

I ＿＿＿＿＿＿＿＿＿＿＿＿＿＿＿＿＿＿＿＿ soon.

5 次の日本文を英語に直しましょう。　　[8点×2]

① あなたの国ではいくつの公用語が使われていますか。

＿＿＿＿＿＿＿＿＿＿＿＿＿＿＿＿＿＿＿＿＿＿＿＿＿＿

② 私はその結果に満足しています。

＿＿＿＿＿＿＿＿＿＿＿＿＿＿＿＿＿＿＿＿＿＿＿＿＿＿

まとめてチェック 5　まとめて単語を練習しよう。

不規則動詞の活用

意　味	原　形		過去形		過去分詞	
動 ～である, いる	**be**	ビー[bi:]	**was** ワズ[wɑz] **/ were** ワーァ[wɑ:r]		**been**	ビーン[bi:n]
動 ～を始める	**begin**	ビギン[bigín]	**began**	ビギャン[bigǽn]	**begun**	ビガン[bigʌ́n]
動 ～をこわす	**break**	ブレイク[breik]	**broke**	ブロウク[brouk]	**broken**	ブロウクン[bróukən]
動 ～を買う	**buy**	バイ[bai]	**bought**	ボート[bɔ:t]	**bought**	ボート[bɔ:t]
動 ～をつかまえる	**catch**	ケアッチ[kætʃ]	**caught**	コート[kɔ:t]	**caught**	コート[kɔ:t]
動 来る	**come**	カム[kʌm]	**came**	ケイム[keim]	**come**	カム[kʌm]
動 ～をする	**do**	ドゥー[du:]	**did**	ディド[did]	**done**	ダン[dʌn]
動 ～を食べる	**eat**	イート[i:t]	**ate**	エイト[eit]	**eaten**	イートン[í:tn]
動 感じる	**feel**	フィーゥ[fi:l]	**felt**	フェゥト[felt]	**felt**	フェゥト[felt]
動 飛ぶ	**fly**	フライ[flai]	**flew**	フルー[flu:]	**flown**	フロウン[floun]

意　味	原　形	過去形	過去分詞
動 ～を得る	**get** ゲットゥ[get]	**got** ガットゥ[gɑt]	**gotten** ガトゥン[gɑ́tn] / **got** ガットゥ[gɑt]
動 ～を与える	**give** ギヴ[giv]	**gave** ゲイヴ[geiv]	**given** ギヴン[givan]
動 行く	**go** ゴウ[gou]	**went** ウェントゥ[went]	**gone** ゴーン[gɔːn]
動 ～を持っている	**have** ヘアヴ[hæv]	**had** ヘアド[hæd]	**had** ヘアド[hæd]
動 ～を知っている	**know** ノウ[nou]	**knew** ニュー[nju:]	**known** ノウン[noun]
動 ～と言う	**say** セイ[sei]	**said** セド[sed]	**said** セド[sed]
動 ～を見る	**see** スィー[si:]	**saw** ソー[sɔ:]	**seen** スィーン[si:n]
動 ～を話す	**speak** スピーク[spi:k]	**spoke** スポウク[spouk]	**spoken** スポウクン[spóukan]
動 ～を (手に) 取る	**take** テイク[teik]	**took** トゥク[tuk]	**taken** テイクン[téikan]
動 ～を書く	**write** ライトゥ[rait]	**wrote** ロウトゥ[rout]	**written** リトン[ritn]

205

中学英単語 2000

さくいん

完全暗記ノート

● この本に出てくる見出し語2000語を
アルファベット順に配列しています。

● 数字は掲載ページです。

A
B
C
D
E
F
G
H
I
J
K
L
M
N
O
P
Q
R
S
T
U
V
W
X
Y
Z

A
B
C
D
E
F
G
H
I
J
K
L
M
N
O
P
Q
R
S
T
U
V
W
X
Y
Z

A
B
C
D
E
F
G
H
I
J
K
L
M
N
O
P
Q
R
S
T
U
V
W
X
Y
Z

入試によく出る語形変化

ここでは，中学で学習する単語の基本的な変化形をまとめて紹介しています。名詞の複数形や動詞の ing 形・過去形・過去分詞などの語形変化をしっかりおさらいしましょう。

1. 動詞の 3 単現と名詞の複数形の s，es のつけ方

　　動詞の 3 単現（3 人称単数・現在形）と名詞の複数形は，ほぼ同じルールで s や es をつける。まとめて覚えよう。

① ふつうの語は語尾に s をつける。

> 3単現　like（〜が好きだ）→ likes　　　walk（歩く）→ walks
> 複数形　book（本）　　　→ books　　　girl（女の子）→ girls

② o, s, x, ch, sh で終わる語は語尾に es をつける。

> 3単現　go（行く）　　→ goes　　　teach（〜を教える）→ teaches
> 複数形　bus（バス）→ buses　　　dish（皿, 料理）　　→ dishes

③〈子音字＋ y〉で終わる語は y を i にかえて es をつける。

> 3単現　study（〜を勉強する）→ studies　　　try（〜をやってみる）→ tries
> 複数形　city（都市, 市）　　　→ cities　　　country（国）　　→ countries

④ f, fe で終わる語は f, fe を v にかえて es をつける。

> 複数形　leaf（葉）→ leaves　　　life（生活）→ lives

2. 動詞のing形のつくり方

動詞の ing 形は語尾によって次の 4 通りのつくり方がある。

① ふつうの語は**ing**をつける。　read（〜を読む）　→ read**ing**

② **e**で終わる語は**e**をとって　make（〜を作る）　→ mak**ing**
ingをつける。　write（〜を書く）　→ writ**ing**

③ 〈**子音字＋アクセントのある
短母音＋子音字**〉で終わる語
は**子音字を重ねてing**をつける。　run（走る）　→ run**ning**
swim（泳ぐ）　→ swim**ming**

④ **ie**で終わる語は,　die（死ぬ）　→ d**ying**
ieを**y**にかえて**ing**をつける。　lie（横になる）　→ l**ying**

3. 規則動詞の過去形・過去分詞

規則動詞の過去形と過去分詞は同じ形。

【規則動詞】　*不規則動詞は p.204 〜 205 を参照。

① ふつうの語は**ed**をつける。　play（遊ぶ）　→ play**ed**

② **e**で終わる語は　like（〜が好きだ）　→ like**d**
dだけをつける。　use（〜を使う）　→ use**d**

③ 〈**子音字＋y**〉で終わる語は　study（〜を勉強する）→ stud**ied**
yを**i**にかえて**ed**をつける。　try（〜をやってみる）→ tr**ied**

④ 〈**子音字＋アクセントのある
短母音＋子音字**〉で終わる語は
子音字を重ねてedをつける。　stop（止まる）　→ stop**ped**
drop（落ちる）　→ drop**ped**

編集協力	敦賀亜希子
	阿部幸弘
	小縣宏行
	菊地あゆ子
	村西厚子
	渡邉聖子
DTP	株式会社 明昌堂
	データ管理コード:23-2031-1916
デザイン	修水(Osami)
キャラクターイラスト	吉川和弥（合同会社 自営制作）
イラスト	加納徳博
録音	爽美録音株式会社
ナレーション	Dominic Allen,村椿玲子

本書に関するアンケートにご協力ください。

右のコードかURLからアクセスし, アンケートに下のアンケート番号を入力してご回答ください。ご協力いただいた方の中から抽選で「図書カードネットギフト」を贈呈いたします。

※アンケートは予告なく終了する場合があります。あらかじめご了承ください。

https://ieben.gakken.jp/qr/rank/

アンケート番号　305839

高校入試 ランク順

中学英単語2000 完全暗記ノート 改訂版

©Gakken

高校入試
ランク順

英検®レベルつき

改訂版 中学 英単語
2000
完全暗記ノート

別冊
解答・解説

■答え合わせの際には, つづりに誤りがないかどうか注意して確認しましょう。
■正解できなかった問題には印をつけておき, 何度も復習しましょう。

※本冊と軽くのりづけされていますので,
はずしてお使いください。

Gakken

STEP 1

1 I **2** and **3** you
4 that **5** was **6** he
7 a **8** we **9** can
10 my **11** people **12** go
13 they **14** this **15** she
16 want **17** have

STEP 2

1 to **2** about **3** in **4** of
5 for **6** with **7** on **8** and
9 the **10** at **11** This is
12 do, do **13** that, It
14 not **15** are **16** will
17 can **18** was **19** a

STEP 2 解説

1 「A から B まで」は **from A to B** で表す。

3 「〈月〉に」というときは，**in** を使う。

4 「A の B」は **B of A** で表す。

5 期間を表して「～の間」というときは，**for** を使う。

6 「～と(いっしょに)」というときは，**with** を使う。

7 「〈曜日〉に」というときは，**on** を使う。

8 「A と B」のように2つのもの[人]を並べていうときは **A and B** と表す。

9 順序を表す語の前にはふつう **the** をつける。

10 「〈時刻〉に」というときは，**at** を使う。

11 「こちらは～です」は人を紹介するときの表現で，**This is ～.** で表す。

12 「あなたは～をしますか」は **do you do ～?** で表す。前の do は疑問文をつくる助動詞で，うしろの do は「～をする」という意味を表す動詞。

13 すでに話題に出たものをさして，「それは」というときには，**it** を使う。

14 be 動詞の否定文は，**be 動詞のあとに not** を入れる。

15 **主語が we** で複数なので，**be 動詞は are** を使う。

16 **未来**を表して「～だろう」は助動詞 **will** を使う。

17 「～できる」は助動詞 **can** を使う。

18 「～でした」の意味で，**主語が I** なので **was** を使う。

19 「1つ[1人]の」は **a** で表すが，日本語に訳さないことが多い。

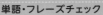

STEP 1

1 what **2** when **3** your
4 say **5** but **6** think
7 school **8** make **9** her
10 me **11** his **12** like
13 good **14** them **15** get
16 time **17** use **18** know
19 our **20** there **21** how
22 want **23** It **24** with
25 about

STEP 2

1 from **2** many **3** one
4 very **5** so **6** There is
7 see **8** be **9** because
10 some **11** am **12** get up
13 more

STEP 2 解説

1 「A から B まで」は **from A to B** で表す。

3 「～(の中)の1つ[1人]」は **one of ～** で表す。

4 「とても」は **very much** で動詞 like の意味を強める。

6 「(1つのもの)がある」は **There is ～.** で表す。

7 動詞 see は目に入るというときに使う。

8 「〜になりたい」は **want to be ［become］** 〜 で表す。be は助動詞のあと，不定詞，命令文で使う。

12 「起きる」は **get up** で表す。

13 「もっと（多くのこと）」は代名詞の **more** で表す。

▶ P.18 **65** 位 ▶ **96** 位
単語・フレーズチェック

STEP 1

1 day **2** thing **3** student
4 English **5** Japanese **6** year
7 Japan **8** their **9** now
10 if **11** or **12** first
13 play **14** help **15** take
16 were **17** come **18** learn
19 other **20** work **21** find
22 think **23** there **24** like
25 know

STEP 2

1 by **2** after school **3** lot
4 at first **5** Look at **6** talk
7 as **8** tell **9** Yes **10** an
11 also **12** All **13** take pictures

STEP 2 解説

3 **a lot of** 〜 で「**たくさんの**〜」という意味。数えられる名詞にも数えられない名詞にも使う。

5 「〜を見る」は **look at** 〜 で表す。

6 talk together は「いっしょに話す」という意味で，**talk は相手とおしゃべりする**という場合に使う。

8 **tell は言葉を使って情報を伝える**ときに使う。

10 母音で始まる語（apple）の前には，a ではなく **an** を使う。

11 also は「〜もまた」の意味で，ふつう**一般動詞の前，be 動詞・助動詞のあと**に置く。

13 「**写真を撮る**」は take a picture［photo］/ take pictures［photos］で表す。

▶ P.22 **97** 位 ▶ **128** 位
単語・フレーズチェック

STEP 1

1 book **2** food **3** friend
4 way **5** country **6** him
7 enjoy **8** eat **9** give
10 study **11** visit **12** show
13 read **14** need **15** new
16 then **17** who **18** why
19 next **20** two **21** which
22 first **23** lot **24** look
25 work

STEP 2

1 too **2** well **3** way
4 next **5** should **6** No
7 could **8** Thank **9** ask
10 Mr. **11** start **12** buy
13 than

STEP 2 解説

1 「**私もです。**」は **Me, too.** で表す。too は「〜もまた」の意味。

3 **by the way** は話題をかえるときに使われて，「**ところで**」という意味。

5 人に「**〜したほうがいい**」とアドバイスするときには，**should** を使う。

6 「はい」は yes，「いいえ」は no で表す。

7 **I wish I could** 〜. で「**〜できたらなあ。**」の意味で，現実とは違う願望を表す（仮定法）。

8 Thank you for listening.「ご清聴ありがとうございました。」はスピーチの最後に使われる定型表現。

9 「〜をたずねる，質問する」は ask を使う。

10 ２文目の主語が he なので，**男性**に対して「**〜さん，〜先生**」の意味で使われる **Mr.** を

置く。

11 「始まる」は **start** のほかに **begin** でも表せる。

12 「〜を買う」は **buy** のほかに **get** でも表せる。

13 〈比較級＋than 〜〉の形で使われる。

▶ P.26 **129** 位 ▶ **160** 位 単語・フレーズチェック

STEP 1

1 picture **2** world **3** class
4 child **5** life **6** idea
7 place **8** family **9** mother
10 something **11** us **12** today
13 right **14** old **15** important
16 home **17** really **18** happy
19 long **20** write **21** try
22 country **23** than **24** should
25 give

STEP 2

1 right **2** last **3** every
4 Let's **5** much **6** home
7 became **8** before **9** high
10 Would **11** live **12** feel
13 hear **14** something

STEP 2 **解説**

1 「その通り。」は **That's right.** で表す。

4 「〜しましょう」と相手を誘うときには，**Let's** で文を始める。

5 「〜がとても好き[大好き]だ」は **like 〜 very much** で表す。

6 「家で」というときは，**at home** を使う。×at house とはふつういわない。

7 「〜になる」は become で，過去形は **became**。

9 「高さが〜」は 〜 **high** で表す。

10 「〜はいかがですか。」は Would you like 〜? で表す。

13 hear は自然に耳に入るという場合に使う。

14 〈something to＋動詞の原形〉で「何か〜するもの」の意味を表す。

▶ P.30 **161** 位 ▶ **192** 位 単語・フレーズチェック

STEP 1

1 house **2** city **3** father
4 problem **5** word **6** week
7 three **8** game **9** town
10 kind **11** these **12** different
13 big **14** where **15** call
16 change **17** understand **18** watch
19 practice **20** join **21** hard
22 would **23** write **24** hear[heard]

STEP 2

1 up **2** around **3** here
4 each **5** these **6** change
7 only **8** Please **9** May, OK
10 better **11** Ms. **12** great
13 different **14** kind

STEP 2 **解説**

1 「起きる」は **get up** で表す。

2 「世界中の」は **around the world** で表す。

5 these days はふつう，現在や現在進行形の文で使われる。

7 「ただ〜だけ」は **only 〜** で表す。日本文では「〜ない」となるが，英文を否定形にはしない。

9 **May I 〜?** はていねいに許可を求めるときに使う。OK は，O.K. や Okay ともつづる。

10 「B より A が好きだ」は **like A better than B** で表す。

11 2文目の主語が she なので，女性に対して「〜さん，〜先生」の意味で使われる **Ms.** を置く。Ms. は女性全般に対して使える。

13 「〜とは違う」は **be different from 〜** で表

す。

14 kind には名詞で「**種類**」，形容詞で「**親切な**」の意味がある。

▶ P.34 **193**位▶ **224**位 単語・フレーズチェック

STEP 1

1 morning **2** teacher **3** man
4 example **5** shop **6** water
7 experience **8** event **9** station
10 future **11** room **12** animal
13 question **14** speak **15** walk
16 meet **17** stay **18** answer
19 together **20** small **21** interesting
22 around **23** each **24** Here
25 problem

STEP 2

1 most **2** same **3** back
4 best **5** example **6** stay
7 often **8** interested **9** any
10 just **11** Sure **12** nice
13 out **14** future

STEP 2 解説

1 most は比較的つづりの長い形容詞，副詞の前に置いて最上級をつくる。

2 same の前には the がつくことが多い。

3 「**～に帰っていく**」は **go back to ～** で表す。

4 「いちばんじょうずな」は good の最上級 **best** を使う。

6 「**(人の家)に滞在する**」は〈**stay with＋人**〉で表す。

7 頻度を表す副詞の often はふつう，**一般動詞の前，be 動詞・助動詞のあと**に置く。

8 「**～に興味がある**」は **be interested in ～** で表す。

9 「何か」は疑問文ではふつう any を使う。

11 依頼に応じるときの返事として **Sure.** を使

う。

13 out は「**外へ**」の意味を表すので，**go out** で「**外出する**」になる。

▶ P.38 **225**位▶ **256**位 単語・フレーズチェック

STEP 1

1 library **2** park **3** bag
4 name **5** club **6** movie
7 music **8** lunch **9** woman
10 story **11** member **12** bring
13 put **14** love **15** run
16 hope **17** teach **18** decide
19 beautiful **20** difficult **21** keep
22 example **23** together **24** sure
25 interested

STEP 2

1 clean **2** month **3** leave
4 plastic **5** hope **6** name
7 again **8** mean **9** stopped
10 always, everyone **11** Listen
12 decided **13** popular
14 teaches

STEP 2 解説

2 「**毎月**」は **every month** で表す。

3 「**～を出発する**」は leave ～，「**～に向けて出発する**」は leave for ～ で表す。

5 「**そうだといいですね。**」は **I hope so.**，「そうじゃないといいですね。」は I hope not. という。

6 「**A を B と名づける**」は **name A B** で表す。

9 過去のことを表しているので，「**～をやめる**」は **stop** を過去形の **stopped** にする。

10 always はふつう，**一般動詞の前，be 動詞・助動詞のあと**に置く。「みんな」は everyone や everybody で表す。

11 「**(人の話)を聞く**」は〈**listen to ＋人**〉で表

12 「~することに決める」は decide to ~ で表す。

13 「~の間で人気がある」は be popular among ~ で表す。

14 主語が3人称単数で現在の文なので，teach のうしろに es をつける。

▶ P.42 | 257位 ▶ 280位 | 単語・フレーズチェック

STEP 1

1 number 2 sister 3 job
4 information 5 train 6 hour
7 team 8 festival 9 summer
10 brother 11 begin 12 choose
13 cook 14 young 15 tomorrow
16 plastic 17 leave 18 listen
19 member 20 mean 21 hope

STEP 2

1 another 2 job 3 foreign
4 over 5 hour 6 ago
7 number 8 young 9 been
10 such 11 even 12 never
13 little 14 begin 15 team

STEP 2 解説

1 いくつかある中の「もう1つの」の意味を表すときに another を使う。

5 母音で始まる語(hour)の前には，a ではなく an を使うので，「1時間」は an hour になる。

7 the number of ~ は「~の数」，a number of ~ は「たくさんの~，いくつかの~」の意味を表す。

9 「~に行ったことがある」は have been to ~ で表す。

10 「そんなこと」は such a thing で表す。

12 「一度も~ない」は never を使う。現在完了形の経験の否定文でよく使う。

13 「少し」は a little で表す。

14 「~し始める」は begin[start] ~ing か begin [start] to ~ で表す。

15 「(運動部)に入っている」は be on the ~ team で表す。

▶ P.44 | 1位 ▶ 280位 | 最重要レベル完成テスト

❶① エ ② ア ③ イ ④ ウ ⑤ エ ⑥ エ
❷① men ② left ③ having ④ been
⑤ more
❸① tell, about ② wants, join
③ written, Japanese
❹① chose ② before ③ children
④ listened
❺① you for answering my questions
② What time did you get
③ Have you ever seen pandas
④ show me how to use
❻① What do you think of[about] Japan?
② I like summer (the) best.

解説

❶① 「私は弟を公園に連れていきます。」〈take＋人＋to＋場所〉で「(人)を~に連れていく」の意味を表す。

② 「英語ではこの花を何と呼びますか。」「(言語)で」には in を使う。

③ 「ベッキーは私たちみんなの中でいちばん背が高い。」最上級のうしろに，複数を表す語句を置いて「~の中で」という場合には of を使う。

④ 「びんの中にはたくさん水が入っています。」There is ~. で「~があります」という意味。

⑤ 「私の友達はいつも私を幸せにしてくれます。」「AをBにする」には make A B を使う。

⑥「私はふだん自転車で学校に行きます。」交通手段を表して**「～で」**は，**by** を使う。

❷①「この部屋には 3 人の男性がいて，彼らはみんなめがねをかけています。」three に着目して man は複数形の men にする。

②「けさ，私はニューヨークに飛行機で行くために，5 時に家を出ました。」過去の内容を表すので，**leave は過去形の left** にする。

③「私の両親はそのときロンドンで朝食を食べていました。」were に着目して，過去進行形になるように have は ing 形の having にする。

④「私たちは 12 月 30 日からシドニーにいます。」have に着目して，現在完了形（継続）になるように，be は過去分詞の been にする。

⑤「ジャック，あなたは私よりもたくさんのまんが本を持っていますか。」than に着目して，比較級の more にする。

❸①「（人に情報）を伝える」という意味で「教える」は tell を使う。「～について」は about。

②「(人)に～してもらいたい」は〈want ＋人＋ to ～〉で表す。主語が Tom なので want は 3 単現の wants にし，「～に参加する」は join を入れる。

③「書かれました」は受け身形を使うので，write の過去分詞 written を入れる。「ある日本人女性」は a Japanese woman。

❹「先週，職業体験がありました。私は幼稚園①を選び，クラスメイトの何人かといっしょにそこへ行きました。昼食②前に庭で遊びました。私は③子どもたちとドッジボールをして楽しみました。午後には，彼らに絵本を読んであげました。彼らは私の話を④聞き，ひじょうに楽しんでくれました。とても楽しかったです。」

① choose の過去形は chose。

② まずは午前中のことを話していると考えて，「昼食前に」の意味になるように before を入れる。

③ child の複数形は children。

④ listen to ～ で「～を聞く」の意味。

❺①「A：私の質問に答えてくれてありがとう。B：どういたしまして。いつでも聞いてください。」**Thank you for ～ing.** で**「～してくれてありがとう。」**の意味。

②「A：あなたは何時に起きたのですか，サム。B：6 時です。けさは私が朝食をつくりました。」時刻をたずねるときは what time を使う。**get up** で**「起きる」**の意味。

③「A：あなたは今までにパンダを見たことがありますか，ジュディ。B：はい。私はこの夏，和歌山で見ました。」経験をたずねるときには Have you ever ～? を使う。

④「A：ボブ，このコンピューターの使い方を教えてくれませんか。B：いいですよ。」Can you show me ～? で「私に～を見せて[教えて]くれませんか」，**how to ～** で**「～のしかた」**の意味。

❻①「～についてどう思いますか」とたずねるときは，ふつう How ではなく What を使って，**What do you think of[about] ～?** とする。

②「～がいちばん好きです」は **like ～（the) best** で表す。

STEP 1

1 boy　**2** girl　**3** bus

4 museum　**5** money　**6** restaurant

7 parent　**8** five　**9** flower

10 soccer　**11** group　**12** car

13 dog　**14** remember　**15** move

16 win　**17** sound　**18** sometimes

19 second　**20** smile　**21** special

22 hour ago　**23** tomorrow　**24** such

25 been

STEP 2

1 during　**2** night　**3** part

4 language　**5** However

6 usually　**7** went into　**8** near

9 minutes　**10** surprised

11 favorite　**12** sounds　**13** won

STEP 2 解説

1 ある特定の期間について, **「～の間に」**という
ときは, **during** を使う。

3 **「～の一部」**は **a part of ～** で表す。

5 however は, but よりも形式ばった語。

7 「～の中へ入っていく」は go into ～で表す。
ここでは go を過去形の went にする。

9 「5 分」なので, minute を複数形の minutes
にする。

12 〈sound＋形容詞〉で「～に聞こえる」とい
う意味を表す。

13 **「優勝する」**は **win first prize** で表す。ここ
では win を過去形の won にする。

STEP 1

1 sport　**2** culture　**3** America

4 Sunday　**5** volunteer　**6** color

7 history　**8** activity　**9** Saturday

10 sea　**11** grow　**12** send

13 believe　**14** open　**15** yesterday

16 famous　**17** soon　**18** easy

19 sorry　**20** still　**21** finish

22 favorite　**23** sounds　**24** during

25 surprised

STEP 2

1 Hello　**2** worry　**3** those

4 internet　**5** down　**6** speech

7 without　**8** own　**9** held

10 through　**11** later　**12** sorry

13 famous　**14** finish

STEP 2 解説

1 **Hello.** は, 電話で**「もしもし。」**というとき
にも使う。

3 **「あのころ」**は **in those days** で表す。

7 **「～せずに」**は **without ～ing** で表す。

8 own は my, your などの所有格のあとで使う。

9 hold は「～を開催する」という意味。「行われ
る」は受け身の文で表すので, **hold は過去分
詞の held** にする。

10 **「～を通り抜けて行く」**は **go through ～** で
表す。

13 **「～で有名だ」**は **be famous for ～** で表す。

14 **「～し終える」**は **finish ～ing** で表す。

STEP 1

1 homework　**2** birthday　**3** weekend

4 classmate　**5** song　**6** bike

7 dinner　**8** hand　**9** Australia

10 clothes　**11** tree　**12** plant

13 its　**14** four　**15** wonderful

16 large　**17** bad　**18** wear

19 drink　**20** happen　**21** wait

22 sorry **23** worry **24** culture
25 still

STEP 2

1 shopping **2** course **3** few
4 person **5** plans
6 must not **7** away **8** able
9 enough **10** anything **11** true
12 waiting **13** happened

STEP 2 解説

2 **Of course.「もちろん。」**は，相手の依頼に快諾するときなどに使う。

3 「**2，3の〜**」は **a few 〜** で表す。

5 plan は「計画」の意味で，しばしば複数形で使われる。

6 **must not** は禁止を表し，「**〜してはいけません**」の意味になる。

7 「**〜から遠く離れている**」は **be far away from 〜** で表す。

8 「**〜することができる**」は **be able to 〜** で表す。

10 anything は疑問文で「何か」，否定文で「何も（〜ない）」の意味を表す。

12 「**〜を待つ**」は **wait for 〜** で表す。

13 相手を案じて「**何があったのですか。／どうしたのですか。**」は **What happened?** でたずねる。

▶ **P.62** | **377** 位 ▶ **408** 位
単語・フレーズチェック

STEP 1

1 science **2** grandmother **3** lesson
4 computer **5** grandfather **6** mom
7 store **8** trip **9** chance
10 scientist **11** company **12** ten
13 mountain **14** dream **15** reason
16 party **17** fish **18** sing
19 sleep **20** sell **21** lose

22 enough **23** few **24** able
25 true

STEP 2

1 point **2** front **3** between
4 afternoon **5** earth[Earth]
6 useful **7** fun **8** glad
9 built **10** close **11** both
12 lost **13** chance **14** trip

STEP 2 解説

2 「**〜の前に**」は **in front of 〜** で表す。

3 「**A と B の間に**」は **between A and B** で表す。

8 「**〜してうれしい**」は **be glad to 〜** で表す。

9 「**〜を建てる**」は build で，過去形の built にする。

11 「**A と B の両方**」は **both A and B** で表す。

12 lose は「〜をなくす」という意味。「なくしました」は I've（＝ I have）に着目して，現在完了形で表す。したがって，lose は過去分詞の lost にする。

14 「**〜へ旅行に出かける**」は **go on a trip to 〜** で表す。

▶ **P.66** | **409** 位 ▶ **440** 位
単語・フレーズチェック

STEP 1

1 space **2** table **3** TV
4 tennis **5** hospital **6** program
7 vegetable **8** message **9** street
10 math **11** twenty **12** basketball
13 paper **14** river **15** news
16 swim **17** rain **18** forget
19 travel **20** traditional **21** strong
22 both **23** earth[Earth] **24** front
25 reasons

STEP 2

1 junior **2** player **3** care

4 sit **5** free **6** agree

7 while **8** someone **9** broke

10 excited **11** spend **12** forget

13 travel, space

STEP 2 解説

3 「～の世話をする」は **take care of ～** で表す。

4 「すわる」は **sit down** で表す。

5 in my free time で「私がひまなときに」の意味を表す。

6 「～(の意見)に賛成する」は〈**agree with＋人**〉で表す。

8 肯定文で「だれか」というときは someone [somebody]，疑問文や否定文では，ふつう anyone[anybody]を使う。

9 「(骨)を折る」は break だが，ここでは過去形の broke を使う。

10 「(人が)興奮した，わくわくした」は excited を使う。exciting は「(物事が)興奮させる，わくわくさせる」という意味。

12 「～するのを忘れる」は **forget to ～** で表す。

▶ **P.70** **441**位 ▶ **472**位
単語・フレーズチェック

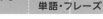

STEP 1

1 body **2** graph **3** area

4 letter **5** contest **6** piano

7 winter **8** baseball **9** bird

10 dad **11** newspaper **12** present

13 environment **14** red **15** floor

16 dance **17** fall **18** carry

19 fast **20** p.m. **21** warm

22 while **23** paper **24** care

25 message

STEP 2

1 turn **2** light **3** off

4 human **5** welcome

6 share **7** easily **8** early

9 drawing **10** since **11** waste

12 carry **13** fall, winter

STEP 2 解説

1 「右に曲がる」は turn right,「左に曲がる」は turn left で表す。

3 **take off** は「～をぬぐ」のほかに,**「離陸する」**という意味がある。

6 「**A と B を共有する**」は **share B with A** で表す。

9 「～を描く」は draw だが,「描くこと」なので, 動名詞の drawing にする。

10 **since** は「～以来(ずっと)」の意味で, 現在完了形(継続)の文でよく使われる。

11 **waste** には**「～をむだにする」**のほかに, 名詞で**「むだ，廃棄物」**の意味もある。

▶ **P.74** **473**位 ▶ **504**位
単語・フレーズチェック

STEP 1

1 art **2** test **3** building

4 clock **5** doctor **6** smartphone

7 rice **8** spring **9** cake

10 e-mail **11** ride **12** borrow

13 collect **14** check **15** third

16 sad **17** cold **18** hot

19 local **20** quickly **21** finally

22 p.m. **23** waste **24** off, light

STEP 2

1 end **2** pay **3** stand

4 arrive **5** until **6** almost

7 goes, bed **8** under **9** late

10 ever **11** save **12** borrow

13 cold

STEP 2 解説

1 「**～の終わりに**」は **at the end of ～** で表す。

3 「**立ちあがる**」は **stand up**,「**すわる**」は **sit down** で表す。

4 「〜に到着する」は **arrive at 〜** で表す。

5 継続の期間を表して「〜まで」という場合は，until を使う。

7 「寝る」は **go to bed** だが，主語が3人称単数で現在の文なので，go は goes にする。

9 「〜に遅刻する」は **be late for 〜** で表す。

10 ever(今までに)は，経験を表す現在完了形の疑問文でよく使われる。

12 「〜を(無料で)借りる」は borrow,「〜を貸す」は lend で表す。

13 「かぜをひいている」は **have a cold** で表す。cold には形容詞で「寒い，冷たい」の意味もある。

 P.78 **505** 位 ▶ **536** 位
単語・フレーズチェック

STEP **1**

1 meeting **2** door **3** zoo
4 bottle **5** goal **6** breakfast
7 university **8** eye **9** Canada
10 tea **11** classroom **12** opinion
13 shirt **14** thirty **15** tired
16 busy **17** blue **18** six
19 create **20** produce **21** improve
22 end **23** third **24** until

STEP **2**

1 outside **2** vacation
3 abroad **4** American
5 office **6** opinion **7** already
8 Actually **9** feelings **10** left
11 solve **12** sick **13** improve
14 eyes

STEP **2** 解説

1 「〜の外に」は outside,「〜の中に」は inside で表す。

6 「私の意見では」は **in my opinion** で表す。

9 「気持ち，感情」は，ふつう複数形の feelings

で表す。

10 「左に」は left,「右に」は right で表す。

12 「病気で寝ている」は **be sick in bed** で表す。

14 「両目」なので eye は複数形の eyes で表す。

 P.82 **537** 位 ▶ **568** 位
単語・フレーズチェック

STEP **1**

1 guitar **2** concert **3** subject
4 project **5** worker **6** weather
7 village **8** card **9** machine
10 cat **11** season **12** ice
13 Friday **14** performance **15** garden
16 desk **17** everything **18** white
19 continue **20** die **21** drive
22 abroad **23** bottle **24** already

STEP **2**

1 piece **2** beach **3** health
4 August **5** face **6** catch
7 protect **8** support **9** continued
10 Maybe **11** realized
12 necessary **13** weather
14 Everything

STEP **2** 解説

1 information のように，複数形にならない名詞を数えるときには，**a piece of 〜**(1つ[1枚]の〜)で表す。

6 「かぜをひく」は **catch a cold** で表す。

9 「〜し続ける」は continue to 〜 で表せるが，ここでは continue を過去形の continued にする。

10 確率が半分以下で確信がないときに「もしかしたら〜かもしれない」という場合，maybe を使う。

11 「〜に気づく」は realize だが，ここでは過去形の realized を使う。

14 「あらゆること」の意味を表す everything は，

11

３人称単数として扱う。

▶P.86　569位▶600位
単語・フレーズチェック

STEP 1

1 dish　2 host　3 customer

4 sign　5 ball　6 product

7 website　8 map　9 technology

10 box　11 phone　12 yen

13 lake　14 power　15 field

16 report　17 research　18 throw

19 short　20 tall　21 black

22 necessary　23 subject

STEP 2

1 once　2 shoes　3 mistake

4 evening　5 a.m.　6 phone

7 follow　8 design　9 pass

10 snow　11 exciting

12 laughed　13 throw　14 dishes

STEP 2 解説

2 くつは２つで１足なので，ふつう複数形の shoes にする。

3 **「間違える」**は **make a mistake** で表す。

4 **「夕方に」**は **in the evening** で表す。

9 pass は「～を手渡す」や「(時が)たつ」の意味のほか，「～に合格する」という意味でも使われる。

10 「雪」は数えられないので，snow は複数形にはしない。

11 「わくわくさせる」は exciting，「(人が)興奮した」は excited を使う。

12 **「～をばかにして笑う」**は **laugh at ～** で表す。

13 **「～を捨てる」**は **throw away ～** で表す。

14 **「食器を洗う」**は **wash[do] the dishes** で表す。

▶P.90　601位▶632位
単語・フレーズチェック

STEP 1

1 temple　2 ticket　3 center

4 China　5 tourist　6 farmer

7 tour　8 air　9 fruit

10 system　11 coffee　12 stadium

13 camera　14 seven　15 eight

16 hundred　17 green　18 delicious

19 nervous　20 safe　21 reduce

22 shoes　23 short　24 mistakes

STEP 2

1 age　2 Excuse　3 Monday

4 voice　5 elementary

6 center　7 born　8 angry

9 sun　10 nature　11 afraid

12 alone　13 nervous

14 Hundreds

STEP 2 解説

1 **「～歳で」**は **at the age of ～** で表す。

2 知らない人に声をかけて「失礼ですが。／すみません。」などというときに Excuse me. を使う。

4 **「大声で」**は **in a loud[big] voice** で表す。

6 **「～の中心で」**は **at the center of ～** で表す。

7 **「生まれる」**は **be born** で表す。

9 太陽のように１つしかないものの前にはふつう the をつける。

11 **「～をこわがる」**は **be afraid of ～** で表す。

12 **「ひとりで暮らす」**は **live alone** で表す。

14 hundred の前に複数を表す数字を置いても hundred のままだが，**「何百もの～」**というときには **hundreds of ～** のように複数形にする。

STEP 1

1 line　**2** video　**3** nine

4 low　**5** wrong　**6** expensive

7 alone　**8** born　**9** age

10 hundred　**11** afraid

STEP 2

1 Line　**2** video　**3** wrong

4 among　**5** mind

STEP 2 解説

1 電車の路線は line で表す。固有名詞なので頭文字は大文字にして Line と書く。

2 テレビゲームは×TV games ではなく，video games で表す。

3 相手の様子を気づかって，「**どうしたのですか。**」とたずねるときは，**What's the matter?** や **What's wrong?** という。

4 「(3つ[3人]以上)の間で」という場合には，among を使う。「(2つ [2人])の間で」は between を使う。

5 「**(私が)決心する**」は **make up my mind** で表す。ここでは相手にたずねているので，my は your にかわる。

❶① ウ　② イ　③ ウ　④ エ

❷① built　② held　③ planning

❸① born　② won　③ must not

❹① This question is easier than that one.

　② My smartphone was broken by my brother.

❺① largest　② Once　③ drawn

　④ ever　⑤ glad　⑥ favorite

❻① you doing while I was out

　② stay here until the rain stops

　③ have you been sick in bed

❼① We visited Australia during the winter vacation.

② My dream is to be a scientist.

解説

❶①「ジョンは1時間前にレポートを書き終えました。」finish はうしろに〜ing を置いて，「〜し終える」の意味を表す。

②「京都は寺で有名です。」**be famous for 〜**で「**〜で有名だ**」の意味。

③「この歌は世界中で歌われています。」直前の is に着目して，受け身形になるように過去分詞の sung を選ぶ。

④「私たちの犬の世話をしてください。」**take care of 〜**で「**〜の世話をする**」の意味。

❷①「私たちの学校は50年前に建てられました。」直前の was に着目して，受け身形になるように過去分詞の built にする。

②「運動会は今年は10月に開かれます。」直前の be に着目して「開かれる」の意味になるように，過去分詞の held にする。

③「あなたは次の夏，海外に行く予定ですか。」文頭の Are に着目して，現在進行形の疑問文になるように，ing 形の planning にする。語尾の n を重ねて ing をつけることに注意。

❸①「**生まれる**」は **be born** で表す。

②「**優勝する**」は **win first prize** で表す。win の過去形は won。

③「**〜してはいけない**」は **must not 〜**で表す。

❹①「この問題はあの問題よりも簡単です。」の文にするので，easy は比較級の easier にかえる。語尾の y を i にかえて -er をつけることに注意。

②「弟が私のスマートフォンをこわしました。」→「私のスマートフォンは弟によってこわされました。」に書きかえる。主語が my smartphone で，過去の受け身の文なので，

was broken になる。

❺「テッド：この動物園はこの地域で①最大なのですか。　マオ：そうです。ここには約100種類の動物がいます。私はこの場所が大好きです。　テッド：ここにはよく来るのですか。　マオ：1か月に②1回来ます。毎回，いろいろな動物の絵を描きます。　テッド：そうですか。先日，あなたによって③描かれた黒い鳥の絵を見ました。それは私が④今までに見た中でいちばんきれいな絵です。　マオ：それを聞いて⑤うれしいです。実はそれは私の⑥お気に入りの絵です。」

① 直前の the とうしろの in に着目して，形容詞 large を最上級の largest にする。

② **once a month** で**「1か月に1回」**の意味。

③ うしろの by you に着目して，draw の過去分詞 drawn を入れて，「あなたによって描かれた黒い鳥の絵」の意味にする。

④ I've seen は現在完了形で，ever「今までに」を入れると，「今までに私が見た」の意味になる。

⑤ **be glad to ～**で**「～してうれしい」**の意味。

⑥ favorite は「お気に入りの」の意味。

❻① 「A：私が外出している間，あなたは何をしていたのですか。　B：私は宿題をしていました。」while I was out で「私が外出している間」の意味になる。

② 「A：雨がやむまでここにいてもいいですか。B：もちろんいいですよ。」until the rain stops で「雨がやむまで」の意味。

③ 「A：いつから病気で寝ているのですか。B：この前の金曜日からです。」**be sick in bed** で**「病気で寝ている」**の意味。これを現在完了形の疑問文で表す。

❼① 「冬休み中に」は during (the[our]) winter vacation で表す。

② 「科学者になること」は to be [become] a

scientist で表し，主語(my dream)とこれを be 動詞の is で結ぶ。

▶ P.100　641 位 ▶ 672 位
単語・フレーズチェック

STEP 1

1 forest　2 rule　3 skill
4 son　5 situation　6 AI
7 presentation　8 side　9 visitor
10 type　11 robot　12 energy
13 milk　14 poster　15 increase
16 communicate　17 introduce　18 fly
19 sweet　20 dangerous　21 especially
22 mind　23 low　24 wrong

STEP 2

1 difference　2 several
3 July　4 wash　5 side
6 type　7 yet　8 online
9 though　10 ready, order
11 developed　12 along
13 flew　14 introduce

STEP 2 解説

2 several は 2，3 より多いが，たくさんというほどは多くない数をいうときに使う。

6 type には名詞で「型，タイプ」の意味と，動詞で「（キーボードを）打つ」の意味がある。

7 **yet** は否定文で**「まだ」**，疑問文で**「もう」**の意味を表す。

10 飲食店などで店員がよく使う表現。

11 「発展する」は develop だが，ここでは過去形の developed を使う。

13 「飛行機で行く」は fly だが，ここでは過去形の flew を使う。

14 **「（あなたが）自己紹介をする」は introduce yourself** で表す。

STEP 1

1 road **2** window **3** leader
4 hall **5** fact **6** communication
7 memory **8** tomato **9** apple
10 March **11** race **12** electricity
13 uncle **14** myself **15** influence
16 camp **17** imagine **18** recycle
19 cut **20** amazing **21** cool
22 skills **23** energy **24** introduce

STEP 2

1 pick **2** inside **3** according
4 less **5** else **6** half
7 fine **8** carefully **9** nothing
10 Shall **11** kidding
12 memory **13** myself

STEP 2 解説

1 「～を拾う」は **pick up ～** で表す。
3 「～によれば」は **according to ～** で表す。
4 「～未満」は **less than ～** で表す。
6 30分は1時間の半分なので，half an hour で表せる。
10 相手に「(私が)～しましょうか」は **Shall I ～?** でたずねる。
11 kid には名詞で「子ども」の意味のほかに，動詞で「からかう」という意味もある。「からかっている」なので現在進行形になるように kidding を使う。
13 「(私が)心の中で思う」は **say to myself** で表す。

STEP 1

1 hotel **2** notebook **3** nurse
4 dictionary **5** brain **6** cup

7 dollar **8** baby **9** star
10 advice **11** land **12** Tuesday
13 aunt **14** government **15** explain
16 cry **17** poor **18** hungry
19 Chinese **20** real **21** mine
22 according **23** less **24** imagine

STEP 2

1 natural **2** result **3** head
4 Olympic **5** feet **6** instead
7 date **8** far **9** Guess
10 top **11** forward **12** cup
13 advice

STEP 2 解説

2 「結果として」は **as a result** で表す。
4 「オリンピック大会」は **the Olympics** でも **the Olympic Games** でも表せる。
5 feet は foot の複数形だが，長さの単位としても使う。
6 「～の代わりに」は **instead of ～** で表す。
8 距離をたずねるときには **How far** を使う。
9 クイズなどを出したときに，「当ててごらん。」というときに **Guess what.** を使う。
10 「～の頂上に」は **at the top of ～** で表す。
11 「～を楽しみに待つ」は **look forward to ～** で表す。
12 「1杯の～」は **a cup of ～** で表す。
13 advice は複数形にしないので，数えるときには a piece of ～ の形を使う。

▶ P.112 **737**位 ▶ **768**位
単語・フレーズチェック

STEP **1**

1 ground **2** writer **3** community
4 June **5** fan **6** bicycle
7 pet **8** stone **9** meaning
10 April **11** Wednesday **12** bread
13 garbage **14** bridge **15** juice
16 touch **17** return **18** guide
19 sunny **20** heavy **21** friendly
22 foot **23** instead **24** mine

STEP **2**

1 States **2** amount
3 century **4** view **5** million
6 suddenly **7** various **8** full
9 caused **10** prepare
11 percent **12** touch
13 meaning

STEP **2** 解説

2 「～の量」は **the amount of ～** で表す。
5 million の前に複数を表す数字を置いても, million に -s はつけない。
8 「～でいっぱいである」は **be full of ～** で表す。
9 「～を引き起こす」は cause だが, ここでは受け身の文なので caused と過去分詞にする。
10 「～の準備をする」は **prepare for ～** で表す。
11 percent の前に複数を表す数字を置いても, percent に -s はつけない。

▶ P.116 **769**位 ▶ **800**位
単語・フレーズチェック

STEP **1**

1 cow **2** farm **3** pizza
4 textbook **5** Thursday **6** elevator
7 wall **8** September **9** supermarket
10 kitchen **11** researcher **12** castle
13 receive **14** relax **15** enter

16 yellow **17** orange **18** careful
19 daily **20** himself **21** slowly
22 bridge **23** heavy **24** prepare

STEP **2**

1 past **2** exercise **3** comic
4 attention **5** price
6 perfect **7** prize
8 paintings **9** seems
10 thousand **11** U.K.
12 himself **13** slowly

STEP **2** 解説

1 「過去に」は **in the past** で表す。
2 「運動をする」は **do exercise** で表す。
4 「～に注意を払う」は **pay attention to ～** で表す。
7 「優勝する」は **win first prize** で表す。ここでは win は過去形の won を使っている。
8 「絵画」は painting だが, be 動詞が are なので, 主語は複数になると考えて, paintings と複数形にする。
9 seem は「～のように思われる」の意味で, うしろに形容詞を置くことができる。ここでは主語が3人称単数で現在の文なので seems と3単現の形にする。
10 「2万」は twenty thousand で表す。
11 「イギリス」は the U.K. で表す。
12 「(彼が)自己紹介する」は **introduce himself** で表す。

▶ P.120 **801**位 ▶ **832**位
単語・フレーズチェック

STEP **1**

1 meat **2** action **3** ocean
4 shape **5** volleyball **6** sky
7 toy **8** boat **9** hair
10 island **11** moon **12** gym
13 cream **14** ski **15** invite

16 cute **17** eleven **18** fifteen
19 international **20** lucky **21** main
22 careful **23** painting(s), wall

STEP 2

1 fishing boat **2** effort **3** United
4 set **5** anyone **6** article
7 twice **8** U.S. **9** behind
10 similar **11** skiing **12** invited
13 quiet

STEP 2 解説

2 「努力する」は **make an effort** で表す。

4 「1 セットの～」は **a set of ～** で表す。

5 anyone は疑問文で「だれか」，否定文で「だれも（～ない）」の意味を表す。

8 「アメリカ合衆国」は U.S. の前に the をつける。

10 「～と似ている」は **be similar to ～** で表す。

11 「スキーに行く」は **go skiing** で表す。i が 2 つ重なることに注意。

12 「～を招待する」は invite だが，ここでは「招待されました」で受け身なので，invited と過去分詞を使う。

 ▶ P.124 **833** 位 ▶ **864** 位
単語・フレーズチェック

STEP 1

1 egg **2** runner **3** step
4 trouble **5** character **6** France
7 meter **8** October **9** seat
10 temperature **11** wood **12** heart
13 bookstore **14** January **15** ring
16 respect **17** strange **18** adult
19 dark **20** tonight **21** yours
22 main **23** effort **24** twice

STEP 2

1 rest **2** yourself **3** across
4 step **5** miss **6** Mrs.

---

7 business **8** healthy
9 smells **10** helpful
11 painting **12** tools **13** meters

STEP 2 解説

1 「休息をとる」は **take a rest** で表す。

5 miss には「～に乗り遅れる」のほかに，「～がいなくてさびしい」などの意味もある。

6 Mrs. は既婚の女性に対する敬称。未婚・既婚の区別なく使える Ms. が好まれることが多い。

7 「仕事で」は **on business** で表す。

9 「～なにおいがする」は smell だが，ここでは主語が 3 人称単数で現在の文なので smells と 3 単現の形にする。

11 「（絵の具で絵）を描く」は paint だが，ここでは at のうしろに置くので，動名詞の painting にする。

12 複数の「道具」なので，複数形の tools にする。

13 634 のうしろに置くので，meter は複数形の meters にする。

 ▶ P.128 **865** 位 ▶ **896** 位
単語・フレーズチェック

STEP 1

1 trash **2** uniform **3** elephant
4 India **5** strawberry **6** disaster
7 size **8** photo **9** sand
10 college **11** February **12** luck
13 Africa **14** marathon **15** Europe
16 topic **17** wave **18** lead
19 climb **20** forty **21** straight
22 dark **23** character **24** woods

STEP 2

1 elderly **2** Mt. **3** south
4 convenience **5** serious
6 police **7** wish

8 themselves **9** control

10 leg **11** tastes **12** trash

13 straight **14** leads

STEP 2 解説

7 「〜を願う」は wish for 〜 で表す。

8 主語が they で「**自分たちで**」は **by themselves** で表す。

11 taste はうしろに形容詞を置いて「〜な味がする」という意味を表す。ここでは主語が 3 人称単数で現在の文なので tastes と 3 単現の形にする

12 trash はふつう garbage(生ごみ)以外のごみをさす。

14 「**〜につながる**」は **lead to 〜** で表す。ここでは主語が 3 人称単数で現在の文なので leads と 3 単現の形にする。

▶ **P.132** **897** 位 ▶ **928** 位
単語・フレーズチェック

STEP 1

1 stage **2** staff **3** plane

4 teammate **5** kilometer **6** cap

7 daughter **8** December **9** insect

10 society **11** lion **12** relationship

13 perform **14** patient **15** record

16 rich **17** French **18** fifty

19 simple **20** social **21** percentage

22 uniform **23** disaster **24** elderly

STEP 2

1 Dear **2** period **3** site

4 climate **5** reach **6** spread

7 Whose **8** hit **9** might

10 someday **11** fighting

12 stage **13** patients

STEP 2 解説

1 手紙などの書きだしで「**親愛なる〜様**」は **Dear 〜,** で表す。

5 「〜に着く」の意味には reach 〜 を使う。ほかにも arrive at 〜, get to 〜 という言い方もある。

6 spread(広がる)は過去形も spread を使う。

8 hit(〜を打つ)は過去形も hit を使う。

9 might は may(〜かもしれない)の過去形で, **may よりも可能性が低い推量**に使うことが多い。

11 「〜し続ける」は keep 〜ing で表すので, fight(戦う)は ing 形の fighting を使う。

13 sick の前に a がないことから, patient(患者)は複数形の **patients** にする。

▶ **P.136** **929** 位 ▶ **960** 位
単語・フレーズチェック

STEP 1

1 chocolate **2** meal **3** salt

4 war **5** chair **6** driver

7 owner **8** theater **9** condition

10 grandma **11** holiday **12** May

13 airport **14** hole **15** page

16 November **17** schedule **18** notice

19 encourage **20** fresh **21** common

22 record **23** French **24** daughter

25 society

STEP 2

1 case **2** War **3** whole

4 pollution **5** teeth **6** middle

7 covered **8** probably

9 grade **10** possible **11** leaves

12 wild **13** conditions

14 encourage

STEP 2 解説

1 「**この場合には**」は **in this case** で表す。

3 「**丸一日**」とは一日全体のことなので, **the whole day** という。

5 「**歯をみがく**」は **brush my teeth** で表す。

6 「〜の中ごろに」は **in the middle of 〜** で表す。

7 「〜におおわれている」は **be covered with 〜** で表す。

11 be 動詞の are に着目して，leaf は複数形の leaves を使う。

13 condition は「状態」の意味と，複数形の conditions で「状況」の意味がある。

▶ P.140 **961** 位 **▶ 992** 位
単語・フレーズチェック

STEP 1

1 cookie **2** medicine **3** astronaut
4 tournament **5** distance **6** tunnel
7 violin **8** wind **9** artist
10 ballet **11** drama **12** cloth
13 gate **14** level **15** sandwich
16 soup **17** hamburger **18** pen
19 hurt **20** connect **21** cheap
22 meals **23** common
24 middle, November

STEP 2

1 Christmas **2** corner
3 o'clock **4** cherry **5** match
6 medicine **7** express
8 proud **9** shocked **10** repair
11 drum **12** marry **13** distance
14 cheap

STEP 2 解説

6 「薬をのむ」は **take medicine** で表す。

8 「〜を誇りに思う」は **be proud of 〜** で表す。

9 shock は「〜にショックを与える」の意味で，「ショックを受けた」は受け身なので過去分詞の shocked を使う。

11 「太鼓」が 1 台のときは play the drum，2 台以上のときは play the drums とする。

▶ P.143 **993** 位 **▶ 1000** 位
単語・フレーズチェック

STEP 1

1 disease **2** engineer
3 hometown **4** north
5 brown **6** burn **7** wind
8 Christmas **9** hurt **10** proud

STEP 2

1 glass **2** traffic **3** engineer
4 burns **5** north

STEP 2 解説

1 「1 杯の〜」は **a glass of 〜** で表す。

4 「燃える」は burn だが，主語が 3 人称単数で現在の文なので burns と 3 単現の形にする。

▶ P.144 **641** 位 **▶ 1000** 位
標準レベル完成テスト

❶① ア ② イ ③ ウ ④ エ
❷① March ② aunt ③ hungry
　④ Tuesday ⑤ return
❸① heavier ② leaves ③ flew
　④ crying
❹① Whose, mine ② According to
　③ Shall I ④ Less than
❺① know how to save energy
　② making efforts leads to good results
　③ explain the differences between these two words
❻① It is important to respect different cultures.
　② I wish I could fly (in the sky).

解説

❶①「お茶を 1 杯いかがですか。」**a cup of 〜** で「1 杯の〜」の意味。
　②「ここから郵便局まではどのくらい距離がありますか。」距離は how far を使ってたずね

る。

③「あなたはまだ困っていますか。」**be in trouble** で **「困っている」**の意味。

④「私はまもなくあなたに会えるのを楽しみにしています。」**look forward to 〜**で **「〜を楽しみに待つ」**の意味。〜には名詞や動名詞を置く。

❷①「日本では，3月末に桜の花がとてもきれいです。」

②「私は先週末，おばの家に泊まりました。」

③「もしあなたが空腹なら，あなたにサンドイッチを作ってあげます。」

④「火曜日は授業が6時間あります。」

⑤「リーさんは来月，中国に戻ります。」

❸①「あなたのコンピューターはこの黒いのよりも重い。」than に着目して，heavy を比較級の heavier にかえる。

②「その木の葉は黄色だった。」動詞の were に着目して，leaf を複数形の leaves にかえる。

③「リョウはきのうの朝トロントに飛行機で行きました。」yesterday morning に着目して，fly を過去形の flew にかえる。

④「赤ちゃんはミルクをほしがって泣いています。」is に着目して，現在進行形になるように cry を crying にかえる。

❹①「だれの」は whose,「私の（もの）」は mine で表す。

②**「〜によれば」**は **according to 〜**で表す。

③相手に提案して **「（私が）〜しましょうか」**は **Shall I 〜?** で表す。

④**「〜未満」**は **less than 〜**で表す。

❺①「A：私はエネルギーの節約方法を知っています。　B：いいですね！　いちばん簡単な方法を教えてください。」how to 〜で「〜のしかた」，save energy で「エネルギーを節約する」の意味を表す。

②「A：その経験から何を学びましたか。　B：努力することはよい結果につながることを学びました。」making efforts「努力すること」を that 節の中の主語にして，lead to 〜「〜につながる」を使って good results（よい結果）につなぐ。

③「A：これらの2つの言葉の違いを説明してくれませんか。　B：うーん，私にはわかりません。」between は「（2つ）の間に」の意味で，あとに A and B や複数名詞がくる。

❻①**「〜することは…だ」**は **It is … to 〜**の形を使って表す。「異文化を尊重する」は respect different[other] cultures[a different culture]で，to のうしろに置く。

②**「〜ならばいいのに」**は実現しない願望を表す仮定法で〈**I wish ＋主語＋（助）動詞の過去形**〉の形。「空を飛べる」は「空を飛ぶことができる」と考えて，これを過去形の could fly (in the sky[air])で表す。

▶ P.178　**1001位 ▶ 1600位**
高得点レベル完成テスト

❶① pull　② peace　③ mice　④ thin
　⑤ laughter　⑥ ourselves

❷① イ　② ウ　③ イ
　④ ア　⑤ イ　⑥ イ

❸① funniest　② lay　③ digging　④ using

❹① allow, to　② wonder what
　③ compare, with　④ at least

❺① we do <u>to</u> stop global warming
　② <u>were</u> impressed with his speech
　③ Many animals are <u>in</u> danger of

❻① AI translated this sentence into English.
　② I belong to the brass band.

解説

❶① increase（増える）と decrease（減る）は対義語の関係なので，push（〜を押す）には pull（〜を引く）を入れる。

② week と weak はつづりのちがう，同じ発音の語なので，piece と同じ発音の peace を入れる。

③ knife と knives は単数形と複数形の関係なので，mouse の複数形 mice を入れる。

④ positive（肯定的な）と negative（否定的な）は対義語の関係なので，thick（厚い）には thin（薄い）を入れる。

⑤ sell と sale は動詞と名詞の関係なので，laugh の名詞形 laughter を入れる。

⑥ I（私は）の再帰代名詞が myself（私自身）なので，we（私たちは）の再帰代名詞 ourselves（私たち自身）を入れる。

❷① 「私はじょうずに料理ができません。——私もできません。」前の否定文に「〜も…ない」と同意するときには **〜 not …, either** で表す。

② 「私は困っていたけれど，助けを求めませんでした。」if は「もし〜ならば」，because は「なぜなら〜だから」の意味。

③ 「私は平均して1日2時間勉強します。」**on average** で「**平均して**」の意味。

④ 「地球は私たちの惑星です。」plant は「植物」，internet は「インターネット」の意味。

⑤ 「日本は自然災害がたくさん起こります。特に，私たちは大地震に備えなければなりません。」environment は「環境」，education は「教育」の意味。

⑥ 「この小説は私に子ども時代を思い出させます。」〈**remind ＋ 人 ＋ of 〜**〉で「**（人）に〜を思い出させる**」の意味。

❸① 「これは5話の中でいちばんおもしろい話です。」前後の the と of に着目して，funny を最上級の funniest にかえる。

② 「きのう私は長距離を走ったあとで，草の上に寝転びました。」lie は**不規則動詞**で，**過去形は lay**。

③ 「私たちの犬が穴を掘っています。」is に着目して，現在進行形になるように dig を ing 形の digging にする。語尾の g を重ねることに注意。

④ 「祖母はデジタル機器を使うのに苦労しています。」**have difficulty 〜ing** で「**〜するのに苦労する**」の意味。

❹① 「**（人）が〜するのを許す**」は〈**allow ＋ 人 ＋ to 〜**〉で表す。

② 「〜だろう（かと思う）」は **I wonder 〜** で表す。「どんなことを話す」は「何について話す」と考えて what を入れる。

③ 「**A を B と比べる**」は **compare A with B** で表す。

④ 「**少なくとも**」は **at least** で表す。

❺① 「〜を止めるために」は目的を表す to 不定詞を使う。したがって，stop の前に to を補う。

② 「**〜に感銘を受ける**」は **be impressed with 〜**で表す。ここでは過去で主語が複数なので were を補う。

③ 「**絶滅の危機にある**」は **be in danger of extinction** で表す。

❻① 「**A を B に翻訳する**」は **translate A into B** で表す。

② 「**〜に所属する**」は **belong to 〜**で表す。ほかに I am in the brass band. でもよい。

▶ P.202　**1601位 ▶ 2000位**
超ハイレベル完成テスト

❶① イ　② ウ　③ ア　④ ウ　⑤ イ
　⑥ イ　⑦ ア　⑧ ア　⑨ ウ
❷① boiled　② thieves　③ performance

④ stolen

❸① was gone　② tell, truth

　③ suffering from　④ likely, rain

❹① whether she is alive or not

　② this movie based on a true story

　③ expect him to come here

❺① How many official languages are used[do you use] in your country?

　② I am satisfied with the result(s).

解説

❶①「～に精通している」は **be familiar with ～** で表す。

　② human resources は「人的資源」, renewable resources は「再生可能資源」の意味。

　③「～が満開だ」は **be in full bloom** で表す。

　④ expression は「表現」, mission は「任務」の意味。

　⑤ dangerous は「危険な」, electronic は「電子の」の意味。

　⑥「A も B も～ない」は **neither A nor B** で表す。

　⑦「～のふりをする」は **pretend to ～** で表す。

　⑧「～だと思われている」は **be considered to be ～** で表す。

　⑨ unfortunately は「不幸にも」, completely は「完全に」の意味。

❷①「私は毎朝ゆで卵を食べます。」「ゆで卵」とは「ゆでられた卵」なので, 過去分詞の boiled にする。

　②「その晩, 2 人のどろぼうがその家に押し入りました。」前の Two に着目して, thief を複数形の thieves にする。

　③「彼女の演技は大成功でした。」動詞 perform を名詞形の performance にする。

　④「私のスマートフォンは電車の中で盗まれました。」直前の was に着目して受け身形に

なるように steal を過去分詞の stolen にかえる。

❸① **be gone** で「いなくなる」の意味。主語が単数で過去の文なので be 動詞は was。

　②「実を言うと」は **to tell the truth** で表す。

　③「～に苦しむ」は **suffer from ～** で表す。ここでは現在進行形なので, suffer は ing 形の suffering にする。

　④「～しそうだ」は **be likely to ～** で表す。

❹①「～かどうか」は **whether ～ or not** で表す。

　②「～にもとづいている」は **be based on ～** で表す。

　③「(人)が～すると思う[期待する / 予想する]」は〈**expect ＋人＋ to ～**〉で表す。

❺①「公用語」は official language。「使われている」は受け身形で be used で表す。主語が how many official languages なので, be 動詞は are を使う。

　②「～に満足している」は **be satisfied with ～** で表す。